LIDANDO COM PESSOAS DIFÍCEIS

CB061624

LIDANDO COM PESSOAS DIFÍCEIS

PÉ da letra

Dealing with Difficult People
Copyright © Arcturus Holdings Limited

Os direitos desta edição pertencem à
Pé da Letra Editora
Rua Coimbra, 255 - Jd. Colibri
Cotia, SP, Brasil
Tel.(11) 3733-0404
vendas@editorapedaletra.com.br
www.editorapedaletra.com.br

Esse livro foi elaborado e produzido pelo Sr. Aranda Estúdio

Tradução e Coordenação Fabiano Flaminio
Design e Layout / Capa Chandra Creative & Content Solutions Pvt. Ltd., India / Jess Moon, UK
Diagramação Adriana Oshiro
Revisão Larissa Bernardi

Impresso no Brasil, 2022

Dados Internacionais de Catalogação na Publicação (CIP)
Angélica Ilacqua - CRB-8/7057

Annesley, Mike

Lidando com pessoas difíceis : ouvir e compreender, lidar com as emoções, habilidades de negociação, situações cotidianas / Mike Annesley ; tradução de Fabiano Flaminio. -- Brasil : Pé da Letra, 2022.
140 p. : 16 x 23 cm

Título original : Dealing with difficult people
ISBN: 978-65-5888-290-9

1. Comportamento humano I. Título

21-2637 CDD 616.858

Índices para catálogo sistemático:
1. Comportamento humano

Todos os direitos reservados. Nenhuma parte desta publicação pode ser reproduzida, armazenada em um sistema de recuperação ou transmitida, de qualquer forma ou por qualquer meio, eletrônico, mecânico, fotocopiador, de gravação ou outro, sem autorização prévia por escrito, de acordo com as disposições da Lei 9.610/98. Qualquer pessoa ou pessoas que pratiquem qualquer ato não autorizado em relação a esta publicação podem ser responsáveis por processos criminais e reclamações cíveis por danos.Todos os esforços foram feitos para garantir a exatidão das informações apresentadas neste livro. A editora não assumirá responsabilidade por danos causados por imprecisões nos dados e não faz qualquer garantia expressa ou implícita. Todos os esforços foram feitos para rastrear os detentores dos direitos autorais e buscar permissão para usar material ilustrativo e outros materiais. A editora deseja pedir desculpas por quaisquer erros ou omissões inadvertidas e ficaria feliz em retificá-los em edições futuras.

SUMÁRIO

Introdução

É fácil imaginar, quando vivemos entre almas dóceis, que é muito simples conviver com a maioria das pessoas. Mas, muitas vezes, na vida, você encontrará um verdadeiro desafio: talvez, um estranho ou alguém que você já conhece - ou pensava que conhecia. Um conhecido pode ser motivo de grande preocupação porque vocês estão em desacordo, de alguma forma - talvez você tenha dado ré e encostado no carro dele, ou as festas dele atrapalhem seu sono, ou o seu eletricista está o confundido com detalhes técnicos.

Existem maneiras eficazes de lidar com tais pessoas, muitas delas, abordadas neste livro. Você deve ouvir e entender bem; administrar suas próprias emoções e, às vezes, as deles; comunicar-se efetivamente, seja pessoalmente ou por e-mail ou mesmo por carta antiquada; e, num encontro presencial, aplicar estratégias para maximizar suas chances de um resultado favorável. É oferecida orientação sobre todos esses aspectos.

Quando alguém próximo a você se torna difícil, isso pode representar uma ameaça ainda maior ao seu bem-estar. Você precisa perceber o que está perdendo e considerar medidas para salvar a situação. Compromisso, perdão, mudança de hábito, novas perspectivas e aceitação do outro são respostas possíveis, mas pode ser difícil saber por onde começar. Este livro fornece um conjunto completo de sinalizadores.

Que você esteja à altura do desafio em que as pessoas difíceis lhe colocarem quando chegar a hora - e mantenha-se calmo, com muitos recursos positivos, mesmo quando testado severamente.

Nota para o leitor:
Os Transformadores deste livro são viradores de jogo: abordagens recomendadas para transformar totalmente sua resposta a uma pessoa desafiadora e facilitar um resultado positivo.

Capítulo 1

Ouvir e Entender

Hoje em dia, as pessoas dão muita ênfase à autoafirmação. Certamente, nunca devemos aceitar passivamente o que é censurável ou desconfortável, entretanto, a escuta paciente não é menos importante, especialmente na resolução de desentendimentos. A chave é concentrar-se no que está sendo dito, em vez de se enredar em suas próprias respostas emocionais. A linguagem corporal pode nos dar sinais úteis, além disso, ajuda a ter uma boa memória, pois há pouco sentido em entender se os argumentos caem no esquecimento mesmo antes do término da reunião.

COMO OUVIR BEM

Conversas difíceis tendem a ser melhor tratadas por bons ouvintes. Ouvir bem pode ter um grande impacto no sucesso de sua carreira e relacionamentos, assim como no resultado de confrontos. Ao melhorar sua capacidade de ouvir, você se torna mais capaz de negociar, persuadir, discutir, desarmar conflitos e esclarecer mal-entendidos. Uma boa escuta precisa ser combinada com uma boa memória para ser completamente eficaz. Vale a pena fazer um curso de meditação consciente para aprimorar seus poderes de concentração: note que isto é mais fácil do que parece, e você não precisa estar espiritualmente inclinado ou ser capaz de sentar-se na posição de lótus para achar esta técnica transformadora em sua vida.

Seja um ouvinte ativo

A escuta ativa envolve o entendimento de toda a mensagem - não apenas o fluxo de palavras que são ditas. Isto inclui linguagem corporal e as entrelinhas. Retenha seus próprios pontos até que a outra pessoa termine. Evite interromper. Se você for profundamente afetado pelo o que é dito, continue escutando, mesmo assim. Não fique imerso em sua própria reação emocional: você pode voltar a isto.

Foco 100%

A chave é a concentração absoluta, o que exige que você tenha consciência de si mesmo. Você precisa reconhecer quaisquer distrações assim que elas aparecerem e, então, retornar sua atenção imediatamente ao orador. Olhe diretamente para ele e reduza seu foco auditivo e mental para excluir qualquer discurso ou outros ruídos a sua volta.

Resistir ao tédio

Qualquer pessoa entediada pode sentir uma forte tentação de desligar-se mentalmente, sejam quais forem as consequências incômodas que possam surgir. Seu interlocutor saberá se você desligou, e poderá explorar isso. Se parecer legítimo escapar, mantenha-se concentrado e, ao mesmo tempo, pense em uma desculpa: seja simples.

Adiar os contra-argumentos

Uma das coisas menos produtivas que você pode fazer em uma troca é planejar seu próximo ponto enquanto tenta ouvir: você está fadado a perder algo.

Capture através do feedback

Frases como "Você parece estar dizendo..." e "Se eu entendi corretamente..." servem a uma função dupla útil: garantir que você tenha entendido o ponto e imprimi-lo em sua memória. Use esta técnica periodicamente.

TRANSFORMADOR

Captar frases marcantes

Ajuda se você puder identificar frases curtas que seus interlocutores empregaram e que resumem um aspecto importante do que eles estão dizendo. Por exemplo, "agravamento noturno" ou "tudo em sua mente". Coloque-as na memória, pois elas o ajudarão a reconstruir o argumento e lhe permitirão citar suas palavras de volta a eles, se isso se mostrar útil.

Acenar com a cabeça

Acenar ou dizer "uh huh" de vez em quando mostra ao orador que você está engajado. Isso o incentivará a continuar, ampliando assim as informações que você provavelmente obterá. Fazer uma pergunta ocasional pode servir ao mesmo propósito, mas seja parcimonioso com isto: pode levar a conversa para outra direção.

TRANSFORMADOR

Esteja atento

A atenção é agora uma terapia convencional, baseada em focar exclusivamente em um objeto de atenção particular. Você pode praticá-la sozinho, em sessões de meditação, ou alternativamente (ou além disso) você pode fazer dela um princípio a ser vivido. A ideia básica é que você atenda ao assunto em questão (seja descascando uma laranja ou ouvindo alguém falando), mas então, se sua mente vaguear, você simplesmente reativará seu foco sem autojulgamento. Se alguma emoção surgir, você a observa; mas retornar seu foco ao que alguém está dizendo terá o efeito de afastar essas emoções - você não pode escolher suas emoções, mas pode escolher sua resposta a elas.

COMO LER A LINGUAGEM CORPORAL

Se você sabe quais sinais procurar, a linguagem corporal oferece uma enorme quantidade de informações sobre alguém além do que suas palavras podem revelar- ou podem até mesmo contradizer. De fato, uma pesquisa científica descobriu que menos de 10% do que aprendemos com o diálogo vem das palavras faladas; um pouco menos de 40% deriva do tom de voz; e o restante - mais de 50% - da linguagem corporal. Ser capaz de decifrar esta mensagem inconsciente lhe dá uma grande vantagem - especialmente se você puder monitorar e controlar sua própria linguagem corporal para evitar trair quaisquer sentimentos negativos.

Anime-se com a mímica

Quando alguém copia sua linguagem corporal, isso sugere que esta pessoa é simpática a você. Talvez, ela se incline para um lado para espelhar seu próprio movimento, ou ajuste a posição na cadeira quando você faz algum movimento. Em uma discussão em grupo, esta pode ser uma maneira útil de saber quem está do seu lado.

TRANSFORMADOR

Faça o teste do sorriso

Um sorriso genuíno irradia dos olhos, com uma teia de rugas. Manipuladores ou pessoas defensivas, no entanto, sorriem apenas com a boca, para mascarar seus verdadeiros sentimentos. Esta é uma sugestão valiosa para se perguntar o que eles podem estar escondendo.

Avalie a autoridade

A confiança que alguém sente em sua própria autoridade é, muitas vezes, indicada por uma postura ereta, com gestos abertos e extrovertidos das mãos. Por outro lado, qualquer pessoa que se descuida ou de qualquer outra forma parece encolher o campo de energia ao redor de seu corpo, está menos segura de si mesma. Este é um sinal útil quando se está falando com duas ou mais pessoas e não se sabe ao certo, inicialmente, quem exerce o maior poder.

Procure um aperto

Um maxilar ou pescoço apertado, uma testa sulcada, são sintomas de estresse. Quando este sinal ocorre, talvez você tenha embarcado em um tópico sobre o qual os demais se sentem desconfortáveis, ou eles sentem que você tem um argumento mais forte, ou talvez tenham mentido e esperam que você os repreenda.

Note a resistência

Uma pessoa com braços cruzados, geralmente, não está aberta à fácil persuasão: esta postura fala de resistência. O mesmo acontece com o aperto de braço. Ambos os gestos nos fazem pensar em alguém protegendo a frente de seu corpo porque acredita estar ameaçada. Mostrar as palmas das mãos em movimentos fáceis e fluidos, implica em abertura.

Exagero pontual

Os gestos que parecem exagerados podem indicar que alguém está esticando a verdade. Uma pessoa de confiança também pode usar expressivamente a linguagem corporal, mas não com um efeito dramático tão óbvio.

Leia os olhos

Qualquer pessoa que evite o contato visual pode ter segredos desconfortáveis, ou então pode estar nervosa ou desinteressada - geralmente haverá outros sinais que o ajudarão a decidir qual interpretação aplicar. Quando o contato com os olhos parece muito intenso, pode haver agressão. Olhar para baixo pode indicar submissão, enquanto olhar para o lado muitas vezes denota confiança.

Pontos nervosos

Acenar com demasiada frequência significa que a pessoa está ansiosa e impaciente para ganhar sua aprovação através de um acordo exagerado. Eles podem não concordar com seus pontos, e podem até não os compreender. Outros sinais de nervosismo (além de sintomas óbvios como suor e respiração rasa; e evitar contato visual como descrito acima) incluem sugar nos lábios; esconder o rosto atrás das mãos ou, talvez, atrás de uma xícara de café; e brincar com os cabelos.

Pegar a entonação

A voz sempre dá muito de si. Uma voz fraca tende a refletir desconforto, assim como a prática de levantar o tom no final de uma frase como se fosse uma pergunta. Uma voz baixa, claramente audível, geralmente, reflete força de caráter e autocontrole.

COMO LER AS ENTRELINHAS

Um subtexto pode ser lido sob qualquer palavra falada, embora, normalmente, seja apenas uma questão de identificar o propósito subjacente. Por exemplo, se uma gerente de banco lhe perguntar como seu marido está antes de falar sobre suas dívidas, ela pode querer introduzir uma nota amigável antes de se tornar impessoal. Entretanto, se ela se sentir atraída por ele, talvez queira sondar o estado de seu casamento - esta é uma verdadeira entrelinha: um plano não revelado. Detectar tais planos ajuda a navegar com mais precisão através de conversas difíceis - ou conversas que parecem simples, mas que podem estar repletas de armadilhas.

Palpitar

Palpitar é antecipar os pensamentos de alguém por suposição. O termo é usado principalmente em um contexto negativo: "Não posso dar uma suposição...". No entanto, a adivinhação é uma habilidade: a capacidade de antecipar o plano de alguém. Somente se você estiver ciente das possibilidades é que você, provavelmente, será capaz de detectar as entrelinhas. Por exemplo, "Notei que você não pareceu inteiramente confortável com o que está fazendo", pode ser uma preparação para a demissão.

Suspeita de incongruência

A gentileza de alguém hostil a você pode ter a intenção de fazer com que você goste mais dela. A pergunta então se torna: Por quê? Uma razão possível é que ela quer se desligar de alguma trama que arranjaram - sua generosidade proporcionando uma salvação para sua consciência. Ou ela pode querer apenas confundir você. Qualquer tipo de comportamento incongruente pode ter um subtexto: cuidado.

Procure por influência

Um comportamento inesperado pode ser motivado por outra pessoa que está dando as ordens. Pergunte-se se as palavras que você ouve, ou a intenção por trás delas, podem derivar de outra pessoa exercendo pressão invisível. Mencione o nome da pessoa e veja se ela responde de uma forma que cheire a culpa.

TRANSFORMADOR

Desarmar por diretas

Se você suspeitar de uma mensagem implícita, às vezes, a melhor abordagem é fazer uma pergunta relacionada a ela. Por exemplo, se você acha que alguém está se esforçando para garantir seu apoio, você pode dizer: "Estou me perguntando que abordagem devo tomar para o projeto X. O que você acha?"

Ignorar a ordem

Uma mensagem implícita, muitas vezes, se esconde dentro de uma sequência inteira de argumentos. Os pontos A e B podem ter a intenção de afastar você da cena, sendo o ponto C o crucial no qual esta pessoa está mais interessada. Em conversas difíceis, espere antes que o ponto chave surja. Evite ser embalado em uma falsa sensação de segurança quando os pontos iniciais feitos parecerem inofensivos.

COMO DEFINIR SUAS PRIORIDADES

Os gurus de gestão do tempo e estilo de vida nos incitam a estabelcer prioridades, mas nem todos pensam assim. Às vezes, as pessoas ainda não têm uma ideia clara do que mais desejam alcançar. Seus processos mentais podem estar nublados pela influência das emoções - talvez raiva, frustração ou apenas confusão. Pode ser útil direcioná-las a uma melhor compreensão de seus objetivos através de perguntas e escuta cuidadosa. Você também pode encontrar alguém que assume que você já conhece as prioridades dele - porque, na opinião dele, isso é claramente óbvio para qualquer pessoa com meio cérebro. Em todas as conversas difíceis, a habilidade de ouvir é crucial, combinada com o desprendimento paciente.

Trocar pontos de vista

Quando as prioridades não são claras, colocar-se no lugar do outro e compreender empaticamente sua situação pode ajudar a detectar motivações ocultas. Uma vez que você as conhece, você pode ser capaz de descobrir as verdadeiras prioridades. Por exemplo, se alguém optar por não almoçar com você várias vezes, pode dizer em cada ocasião que é por causa de outra reunião, mas se você souber que essa pessoa foi demitida, você pode concluir que ela está interessada em economizar dinheiro - uma prioridade que pode, mais tarde, impactar de outras formas. Ou se alguém continua adiando a apresentação de um relatório, e você se lembra que nunca viu nada que tenha escrito, será que talvez esteja tentando esconder a dislexia? Se sim, isto deveria ser um sinal para que você proceda com compaixão.

TRANSFORMADOR

Verifique o pensamento posterior

Quando alguém com quem você está falando faz inúmeros comentários, o primeiro não é necessariamente o mais importante para ele. Pode ser apenas o mais fácil de expressar, ou talvez ele queira lançar a parte mais fácil da conversa primeiro, para se acomodar ou para deixá-lo desprevenido. Se ele estiver ansioso, pode ser simplesmente uma questão de esperar até que se sinta pronto para abordar um assunto complicado. O segundo comentário também pode não ser tão crucial. Ouça frases como "Além de ..." ou "Em qualquer caso ...", pois estas podem, às vezes, anunciar a questão principal, deixando para o fim suas verdadeiras prioridades.

Retardar um pouco

"O que você vai fazer a respeito?" Se alguém lhe fizer uma pergunta geral deste tipo, conhecer suas prioridades pode permitir a você evitar a armadilha de lhe dar demais.
Por exemplo, um pedido de desculpas e uma oferta de que você fará o seu melhor para remediar a situação pode ser suficiente. Retenha sua oferta até que as prioridades estejam claras. Ouça as pistas na primeira oportunidade.

COMO FAZER PERGUNTAS EFICAZES

A escuta passiva em uma conversa difícil pode não lhe dar tudo o que você precisa para responder com mais eficácia: muitas vezes, você também precisa fazer perguntas. Fazer isso não implica em concordar com nada do que a pessoa está dizendo, mas também não implica em discordância, o que pode aumentar a tensão entre vocês: perguntas neutras, frequentemente, são mais produtivas. Em algumas situações, você pode querer evitar ouvir mais opiniões e apenas extrair os fatos - nesse caso, enquadre suas perguntas de acordo.

TRANSFORMADOR
Pare uma frase longa

Quando confrontado com um obstáculo verbal, fazer uma pergunta pertinente pode ser uma boa maneira de fazer alguém parar seu fluxo e pensar de forma mais racional por um momento. Talvez você tenha que dizer: "Posso fazer uma pergunta?" para abrir um espaço no qual falar.

Faça uma meia pergunta

Em conversas altamente emocionais, o questionamento direto pode vir como insensível. Acrescentar uma nota ligeiramente interrogatória a uma observação como "Você deve ter se sentido devastado(?)", em vez de perguntar "Como você se sentiu?", dá à outra pessoa a opção mais fácil de apenas acenar com a cabeça ou dizer sim. Se eles quiserem dizer mais precisamente como se sentiram, eles podem.

Ser aberto

Fazer uma pergunta aberta, em vez de uma com resposta de sim ou não, pode gerar informações úteis e inesperadas. "Como?" é frequentemente produtivo, exigindo que a pessoa considere a situação cuidadosamente. O "Por que?" precisa ser usado com cuidado, pois pode fazer com que as pessoas se sintam defensivas.

Aprofunde

Uma pergunta complementar, se bem escolhida, pode revelar outras camadas de informação. A resposta à pergunta inicial terá, em sua maioria, uma suposição embutida. Um exemplo simples e em aberto seria: "Por que você diz isso?" Às vezes, a segunda camada de resposta atua como uma correção para a primeira, quando esta resposta simplifica demais ou apresenta o orador de uma forma mais positiva do que a revelação total permitiria.

Pausa após a resposta

Se você permanecer em silêncio depois de sua pergunta ter sido respondida, isso, muitas vezes, leva o orador a dizer mais. Este é um método utilizado nos interrogatórios policiais. O princípio subjacente é que seu silêncio faz a pessoa sentir que você a está avaliando negativamente, então ela preenche o silêncio para manter essa avaliação à distância.

Suspender o julgamento

Aguarde até que a resposta esteja completa antes de fazer um julgamento. O orador pode estar deixando informações-chave até o final, por uma série de razões possíveis, incluindo um conjunto de prioridades diferentes das suas.

COMO LEMBRAR OS PONTOS-CHAVES

As conversas podem vazar, especialmente quando o ritmo da conversa é rápido. Entretanto, lembrar o que você ouviu coloca um selo no diálogo, permitindo-lhe refletir e processá-lo mais tarde e armazená-lo a longo prazo. Envolva-se profundamente no que lhe é dito, pois isso ajudará a imprimi-lo. Fique alerta para os pontos-chaves e os comprometa conscientemente com a memória à medida que a conversa prossegue. Lembrar de frases-chaves depois pode fazer com que todo o contexto dessas observações encaixe-se no lugar - portanto, certifique-se de explorar conscientemente a maneira como uma memória pode acionar outra.

Treine seu cérebro

O poder da memória, assim como o poder muscular, melhora com o uso. Tenha o hábito de se alongar mentalmente. O cérebro tem uma propriedade denominada neuroplasticidade, o que significa que ele pode formar novos caminhos neurais quando estimulado a fazê-lo. Palavras cruzadas ou quebra-cabeças feitos diariamente podem ajudar a aumentar sua memória, assim como o aprendizado de uma língua ou de uma nova habilidade. Combine exercícios mentais com um estilo de vida saudável: um regime de condicionamento físico regular, um bom padrão de sono todas as noites, bastante ômega-3 em sua dieta, e consumo moderado de álcool. Gerencie seu estresse também.

Coma alimentos para o cérebro

Os principais ingredientes benéficos à saúde cerebral incluem B12 (peixe, aves) e vitamina E (nozes, sementes, frutas escuras como mirtilos, vegetais como espinafre e pimentão).

Em termos simples, uma boa fórmula a seguir é a dieta mediterrânea: abundância de ingredientes à base de plantas; diminuição da carne vermelha; comer peixe (para o ômega-3); usar azeite de oliva.

Fazer um aquecimento

Antes de uma reunião difícil, a entrada de ar suficiente em seus pulmões ajudará sua concentração e memória, além de manter o estresse à distância - isto também melhorará seu processamento mental.

TRANSFORMADOR

Use associação visual

Se em uma conversa alguém diz algo que você quer memorizar, veja se você pode conjurar uma imagem relacionada a ela - por exemplo, se eles mencionam ir a Paris a negócios, imagine a Torre Eiffel. A imagem tende a ficar na memória por mais tempo do que palavras ou ideias. Se você precisar lembrar um nome, talvez uma de suas sílabas sugira uma imagem - como a "wood" (madeira) em Woodhouse ou "sand" (areia) em Streisand. Ou, talvez, o nome soe como outro nome pertencente a alguém que você conhece, que você pode visualizar ou imaginar falando com você.

Números das imagens

Se você precisa se lembrar dos números rapidamente, tente conjurar uma imagem que cada dígito (ignore os zeros no final) sugere visualmente. 0 é um ovo, 1 um lápis ou vela, 2 um cisne, 3 uma boca (ou seios), 4 um veleiro, 5 um cavalo marinho ou gancho de carne, 6 um taco de golfe, 7 uma borda de penhasco, 8 um temporizador de ovos ou boneco de neve, 9 um balão com um cordel anexo. Para lembrar dois dígitos, ligue as duas imagens como uma mini-história - por exemplo, 47 pode ser um veleiro navegando em direção à borda de um penhasco.

Colocar pontos nos pinos

Você poderia estender o sistema de números de forma que acabou de descrever e usá-lo de 1 a 9 seguido de 0 como um conjunto de pinos para pendurar visualmente os comentários que alguém está fazendo. Por exemplo, vamos assumir que o segundo comentário é sobre os níveis de ruído. Visualize um cisne (2) e imagine-o batendo as asas ruidosamente. Outras técnicas de memória de natureza similar foram bem descritas pelo ex-campeão mundial de memória Dominic O'Brien em dois livros: *You Can Have an Amazing Memory* e *How to Develop a Brilliant Memory Week by Week.*

Repita para si mesmo

Dar voz a um comentário que você acabou de ouvir mais algumas vezes em sua mente é uma excelente maneira de melhorar suas chances de lembrá-lo mais tarde. Após a conversa, você pode escrever estes pontos memorizados conscientemente - leve um pequeno caderno com você se for o caso. Se for uma conversa crítica, e com uma pausa de conforto, você pode, no meio da reunião, escrever o que foi dito até agora.

TRANSFORMADOR
Lista de verificação

Mesmo conversas bastante informais podem ser lembradas frequentemente com a ajuda de listas de verificação - passando por pontos-chaves em voz alta para verificar se você lembrou de todos eles. Se você hesitar, eles preencherão a lacuna para você. Em uma conversa difícil com, digamos, um gerente de banco, não há razão para que você não faça isso e, é claro, faça. (No entanto, em alguns casos, quando houver mais esquemas envolvidos, você poderá sentir que estas abordagens mostrariam fraqueza).

Tenha um amigo como memória

Em reuniões formais complicadas - por exemplo, nos estágios iniciais de ser demitido - você pode ser autorizado a levar alguém como um anotador. Certifique-se de que você aproveite esta facilidade. Escolha a pessoa com base na confiabilidade e eficiência, em vez de uma simples amizade.

COMO FAZER AVALIAÇÕES RÁPIDAS

As primeiras impressões são formadas em menos de 10 segundos: a partir da aparência, roupas, modos, voz, expressões faciais e outras linguagens corporais de uma pessoa. Não tente afirmar sua força assim que encontrar alguém, pois isso prejudicará sua capacidade de fazer um julgamento baseado nas primeiras impressões: eles podem agir na defensiva ou tentar combinar poder com poder, em ambos os casos desligando o verdadeiro eu. Mostre uma reserva amigável enquanto está atento.

Avalie o aperto de mão

Um estudo mostrou que um aperto de mão fraco denota menor autoestima ou confiança (e palmas das mãos suadas, ansiedade); enquanto um forte aperto de mão mostra abertura e uma extroversão. Embora não seja certo, este teste pode lhe dar uma pista. Com um aperto de mão fraco você pode querer adotar uma abordagem mais suave: qualquer coisa muito completa pode levar a outra pessoa a fechar suas defesas. Com um aperto de mão forte, talvez, você precise aplicar uma persuasão firme, articulando seus pontos claramente para garantir que sejam ouvidos.

Escaneie a sala

Ao encontrar alguém em seu território, às vezes, você pode tirar informações do local, seja uma casa ou escritório. A desordem não significa muito em si, mas quando combinada com a procura de papéis, pode sugerir uma mente caótica. A limpeza absoluta pode indicar perfeccionismo. Fotos de família em um escritório mostram um lado humano que poderia funcionar a seu favor. Troféus ou certificados indicam orgulho pessoal – talvez, uma barreira que você precise superar.

Teste a confiança e a fé

Confiança e fé representam 80-90% de nossa primeira impressão de alguém. Julgamos a confiança pela forma como eles se apresentam, incluindo o quanto estão confortáveis em seu espaço pessoal. As principais marcas de confiança são a postura, o sorriso, o contato visual e a saudação amigável. Se a saudação faltar (ou a sua for recusada) em uma situação potencialmente hostil, a melhor maneira de lidar com tais táticas baratas é aprender com elas (este é alguém preparado para usar um simbolismo grosseiro para trabalhar suas emoções). A fé em si mesmo é mais difícil de julgar, já que uma pessoa confiante pode fingir, mas você formará uma impressão baseada em pistas sutis. Possíveis causas de suspeita podem ser: evitar seus olhos; continuar a conversa fiada por muito tempo; exagerar um pequeno benefício.

TRANSFORMADOR

Esteja preparado para estar errado

Tenha em mente que dois fatores conflitantes entram em jogo quando você conhece alguém pela primeira vez. Um é a intuição, um guia surpreendentemente perceptivo, uma vez que você tenha aprendido com a experiência como ela funciona. O outro é qualquer preconceito inconsciente que você tenha trazido para a ocasião. Inicialmente, vá com seus palpites, mas esteja preparado para que eles sejam desmentidos: não baixe a guarda em reuniões difíceis.

COMO ABSORVER INFORMAÇÕES DIFÍCEIS

Algumas das conversas mais complicadas são aquelas em que temos muitas informações a serem levadas em conta. O assunto pode ser complexo e, talvez, (não necessariamente) técnico. Além disso, a reunião pode ter sido motivada por algum tipo de emergência, o que o deixou ansioso - e a ansiedade torna mais difícil ser um bom ouvinte. A outra pessoa pode não ser capaz ou não querer passar por tudo pacientemente - de fato, ela pode estar bombardeando você com detalhes, como uma forma de desabafar. Em tais situações você precisa manter a calma e se concentrar em filtrar do fluxo de palavras o que você realmente precisa saber e lembrar.

Apelo à misericórdia

Isto significa que, quando você tem uma avalanche de detalhes vindo em seu caminho, você deve dizer que precisa ter as coisas explicadas mais lentamente; ou em ordem lógica, uma coisa de cada vez; ou em termos leigos. Você pode ser tentado a manter a aparência e não fazer tal apelo, mas, provavelmente, se arrependerá desta decisão. Se você estiver preparado para ouvir bem, seu interlocutor deve lhe fazer o favor de se comunicar bem, e dentro dos limites de sua compreensão.

Esclareça a linha do tempo

Muitas vezes, quando você enfrenta um reclamante zangado, ele lhe apresenta um relato falso do que aconteceu - com base na ordem em que os eventos ocorreram a ele. Diga que seria realmente útil se ele pudesse começar no início (isto, muitas vezes, está faltando na conta dele) e levá-lo através da história em ordem cronológica. Puxe um caderno e esboce uma linha do tempo, se isto o ajudar. Esta pode ser uma boa abordagem com uma pessoa zangada, já que é difícil ser zangado e paciente ao mesmo tempo.

TRANSFORMADOR

Use o humor

Pode ajudar, ao aplicar a dica acima, fazer uma piada tortuosa sobre sua competência na área. Por exemplo, "Este é um assunto em que nunca me formei"; ou "Sou um urso de cérebro pequeno, e você precisará ser paciente comigo". Note que a autodepreciação cômica não o coloca em uma posição fraca, já que eles sabem que você não está falando sério.

Desacelere através do jargão

Pessoas altamente emocionadas tendem a não pensar muito sobre se você as entenderá. Muitas vezes, elas emitem um fluxo de palavras para desabafar. Mais uma vez, é preciso dizer se você não entende o vocabulário delas. Fazê-las converter o vocabulário especializado em termos leigos pode acalmá-las.

Capítulo 2

Lidando com Emoções e Agressões

A gestão emocional – e, mais especificamente, a gestão da raiva - é uma habilidade chave no conjunto de ferramentas para o estilo de vida saudável. O segredo, em muitas situações, é se desligar das emoções da pessoa difícil, e escolher suas respostas sem se deixar apanhar por uma carga emocional própria. Resolver quaisquer ansiedades também é fundamental, pois elas teriam impacto em sua comunicação. Este capítulo inclui conselhos específicos sobre tópicos como lidar com reclamações, intimidação e assédio sexual. Ele também mostra como motivar e tranquilizar; e como perdoar verdadeiramente.

COMO COMPREENDER AS EMOÇÕES

Quando as pessoas são difíceis de lidar, geralmente, há algum fator emocional envolvido, de um lado ou do outro, ou de ambos os lados. A dificuldade em chegar a um acordo ou um conflito de prioridades diferentes pode causar frustração, o que pode borbulhar em raiva. Às vezes, a raiva deriva de outra emoção – talvez, inveja, culpa ou impaciência. Compreender nossas emoções é a habilidade de vida que chamamos de "empatia". Alguns podem pensar que a empatia está ligada à personalidade. Entretanto, podemos desenvolver ainda mais nossa empatia, aprendendo a nos afastar das situações e analisando o que está acontecendo sob a superfície.

Veja as limitações da lógica

Tendemos a pensar a lógica (ou a razão) e a emoção como opostas, mas a primeira é, frequentemente, um disfarce pelo qual a segunda se expressa. As pessoas acreditam que estão respondendo racionalmente, mas seu pensamento tem uma tonalidade emocional. Isso explica por que a razão é um instrumento limitado para lidar com pessoas argumentativas. Se alguém pegou algo que lhes pertence (digamos, uma vaga de estacionamento), nenhuma persuasão razoável é capaz de fazê-las se render. Se você sente que a lógica é impotente, não confie nela. Em vez disso, ouça a intuição, combinada com empatia. Juntas, estas faculdades o guiarão bem.

Desenvolva a autoconsciência

Compreender suas próprias emoções ajuda você a lidar com as dos outros - você deixa de ver as pessoas emocionais como intencionalmente destrutivas. A empatia ajuda a tornar possível uma abordagem suave e gentil. Reconheça uma emoção quando ela se eleva dentro de você; depois, aceite-a, perdoando-a; em seguida, trace seus efeitos sobre você mesmo e retroceda, lembre-se que ela é algo que viaja através de você: ela não está ligada à sua identidade.

TRANSFORMADOR

Fique fora da história

As emoções prosperam nas narrativas para explicar o modo como você foi afetado. Isto é especialmente verdadeiro no caso de sentimentos negativos como baixa autoestima: "Eu não valho nada, por isso as pessoas não gostam de mim". Recuse-se a se engajar em tal auto conferência negativa. Mantenha-se desapegado. Ao construir sua autoestima e autoconfiança, você torna mais fácil lidar com pessoas que são empurradas por suas próprias emoções para um comportamento que torna a vida difícil para você.

Evite o confronto com a culpa

Pessoas sensíveis que dizem não aos outros, reclamam ou fazem comentários indesejados, muitas vezes, se sentem mal depois. Isto é "culpa de confronto". Se você disse o que precisava dizer, e não está em uma relação duradoura com a pessoa, tal culpa está fora de lugar. Você já lidou o melhor que pode com um problema: não pode esperar ser popular com um adversário. Basta seguir em frente.

COMO PERMANECER DESTACADO

Lidar com pessoas emocionais ou irracionais é mais fácil se você puder se manter afastado delas e evitar se emocionar. No local de trabalho ou em situações familiares, pode haver todo um turbilhão de emoções acontecendo ao seu redor. A frieza é simplesmente uma questão de exercer uma escolha importante - olhar uma situação de forma desapaixonada, como se estivesse em uma tela de TV. Muitas vezes, facilita ser estratégico: você pode pensar em sua resposta antes de fazê-la e garantir que ela seja a mais apropriada e eficaz nas circunstâncias. Outra pessoa pode se irritar, mas você mesmo não precisa.

Evite a falsa importância

As emoções chamam a atenção, alegando uma importância que pode ser totalmente ilusória. Afaste-se de quaisquer emoções que você possa estar sentindo (tais como irritação por alguém estar sendo rude ou irrefletido) e escolha uma resposta que não esteja relacionada a elas. Lembre-se de que as emoções só podem afetar seus pensamentos e ações se você permitir. Pense nelas como o estado interior: a turbulência acontece, mas não é o seu verdadeiro eu.

Diagnostique suas emoções

Para ajudar a ser mais desapegado, observe quaisquer emoções que alguém esteja causando em você e pergunte-se o que as provocou. Pode ser a sensação de que você é mal compreendido, ou este é o tipo de pessoa que, muitas vezes, o incomodou no passado. Pode ser uma frustração que, digam o que disserem, você não será capaz de se livrar dos danos resultantes. Apreciamos ter pessoas que pensam da mesma maneira ao nosso redor, e alguém muito diferente pode parecer uma ameaça à nossa visão de mundo. Tendo feito o seu diagnóstico, afaste-se e dê uma resposta sem emoção.

TRANSFORMADOR
Demore 15 segundos

Fazer uma pequena pausa interior em uma situação acalorada pode ser suficiente para atingir o desprendimento que você precisa. Imagine que uma tela se interpôs entre você e a pessoa que está se mostrando difícil, e você é um antropólogo estudando seu comportamento. Veja a linguagem corporal dela. Talvez isso revele como ela deixou suas emoções fora de controle. Quando você se envolver com ela após esta curta pausa, faça-o mentalmente, não emocionalmente. Durante seus 15 segundos, você retirou seu investimento emocional: guarde-o para coisas mais valiosas.

Ganhe seu sustento

No local de trabalho, uma maneira eficaz de lidar com pessoas difíceis é lembrar que é por isso que você está sendo pago. Fora do local de trabalho, onde seu tempo não é remunerado, a pessoa não tem espaço, portanto, esqueça-a. Durante o horário de trabalho, use quaisquer estratégias que você possa pensar para manter as coisas funcionando com o mínimo de atrito.

COMO NEUTRALIZAR SUA RAIVA

A raiva pode dominar uma pessoa e aumentar rapidamente dentro dela. Você pode pensar que a melhor abordagem, quando confrontado com a raiva em outra pessoa, é deixar que ela se esgote - o princípio da catarse. No entanto, pesquisas sobre catarse mostraram que é provável que isso aumente a emoção em vez de reduzi-la. Às vezes, a raiva pode ser justificada - você pode ser culpado e inclinado a deixar a outra pessoa explodir. No entanto, uma explosão de raiva impossibilita uma boa comunicação e pode levar a decisões que não são do interesse de ninguém. Também pode prejudicar relações permanentemente. Portanto, é melhor ser estratégico para apagar as chamas da raiva.

Prepare-se para os pontos polêmicos

Quando você precisar levantar uma questão controversa, planeje os pontos que você vai levantar e identifique quais são potencialmente provocativos. Considere se você se beneficiaria com a construção destes pontos em etapas: você pode, então, ser capaz de se conter, se necessário, até que o momento pareça certo, ou talvez apenas mudar o assunto temporariamente para deixar as primeiras centelhas de raiva assentarem.

Seja um bombeiro

É importante que você não reaja à raiva ficando nervoso ou chateado - ou zangado. Destaque-se da situação e pense em si mesmo como um bombeiro: a primeira coisa que você deve fazer é garantir que não pegue fogo. Imagine que você está observando através de uma viseira de proteção em seu capacete. Pratique a respiração profunda.

Evite danos

Se for confrontado com raiva intensa, sinta-se livre para ir embora - não se preocupe se você deixou algo por resolver. Considere deixar que alguém em quem você confia saiba o que aconteceu. Ela pode ajudá-lo a encontrar uma solução, ou mesmo agir como mediador.

TRANSFORMADOR

Conheça a causa

Muitas vezes, as pessoas se irritam por razões próprias. O que você disse ou fez para provocá-las pode ter sido apenas uma manifestação de uma emoção que estava logo abaixo da superfície, de qualquer maneira, esperando por uma saída. Se você sabe que não foi a causa final de um surto, isso o aborrecerá menos e o tornará mais capaz de dizer algo para acalmar a inflamação.

Use sua vez sabiamente

Quando for sua vez de falar, use um tom de voz normal e uma linguagem corporal não ameaçadora. Falar devagar pode ter um efeito calmante. Envolva-se com a pessoa zangada fazendo declarações específicas, em vez de generalizações vagas como "Eu ouço o que você está dizendo" ou "Eu sei que você acha isso frustrante". Mostre uma vontade de resolver a situação. Não diga nada de crítico. Evite inventar desculpas ou defender o que você fez ou disse.

COMO ACALMAR SEUS NERVOS OU PÂNICO

Quando você precisa lidar com a ansiedade de outra pessoa, depende muito de seu relacionamento com ela, de quanto tempo vocês têm juntos e da escala de tempo da situação. Mostrar empatia, apoio e paciência será sempre benéfico. A paciência pode tomar a forma de simplesmente passar tempo com ela e, talvez, reorganizar suas próprias preocupações, de alguma forma, para tornar isso possível. Também pode ser uma questão de oferecer sua própria visão detalhada da situação - o que pode envolver dar informações que estão em seu poder, mas não no dela. Tenha em mente que a ansiedade, muitas vezes, será exaurida por uma observação irrefletida, portanto, pense antes de falar. Coloque-se na situação deles.

Nunca diga "Fique calmo"

Dizer "Fique calmo" implica que você está exercendo autoridade sobre uma pessoa que está sendo infantilmente temperamental. Isto nunca funciona. Pior ainda é o comentário paternalista feito uma vez a uma parlamentar feminina por um primeiro-ministro na Câmara dos Comuns do Reino Unido: "Fique calma, querida!" Igualmente inúteis são frases como "Não chore!" ou "Chore bastante, faz bem!" - basta deixá-los chorar e não mencionar esse sintoma em particular, pois isso pode aumentar seu embaraço.

Diga "Vamos falar sobre isso"

"Vamos falar sobre isso" implica imediatamente empatia e apoio. Permitir que alguém fale pode ser uma forma de autoterapia em vigor. Leve-a a um lugar onde possa falar livremente. Contando a própria história, ela pode imaginar como ela se parece do seu ponto de vista, mesmo que seu rosto não mostre nada além de simpatia. Ela se ouve falar e só então percebe que pode ter tirado as coisas da real proporção. Ao dizer-lhe como se sente, ela estará se dando tempo e distância - um espaço no qual as emoções podem se acomodar.

TRANSFORMADOR

Reconheça a dificuldade

"Podemos trabalhar nisso juntos" é mais útil do que "Tudo ficará bem". É simplista sugerir que o destino resolverá o problema. Lidar com as emoções negativas pode envolver luta interior. Você precisa reconhecer isto: é um aspecto importante de sua empatia.

Amplie a perspectiva

Se você puder dizer ou fazer algo que leve a pessoa a pensar sobre o quadro geral, isso pode ser útil, embora apenas dizer "vamos colocar isto em perspectiva" possa parecer paternalista ou irrealista – exceto, às vezes, em um contexto de trabalho.

Respire de forma sincronizada

Sugerir três respirações profundas juntas - e fazê-las com calma - pode ser uma boa abordagem em algumas situações. Além da vantagem de distrair e reorientar a mente, há um elemento de humor que dá alívio bem-vindo.

Tranquilize com o toque

Um abraço caloroso pode fazer maravilhas, mas mesmo que seu relacionamento com a pessoa seja mais casual, um tapinha nas costas ou nos ombros pode fazê-la entender que você está do lado dela. Nunca abrace ou dê um tapinha se alguém puder suspeitar de um motivo sexual.

COMO MOTIVAR-SE

Não podemos ser todos indivíduos carismáticos com uma capacidade inata de liderar pela força da personalidade. Se você pretende motivar as pessoas a adotar um curso de ação com entusiasmo, ou elevar os níveis de consciência e comprometimento, há estratégias que podem ser aplicadas a uma série de situações - seus colegas de trabalho, seus filhos, sua equipe esportiva local. A comunicação precisa ser clara e direta. Você precisa prestar atenção ao modo como é percebido - sua própria atitude, talvez, demonstre seu comportamento, sua linguagem corporal ou o que você disse em um contexto diferente, deve ser consistente com o que você pede.

Estabeleça objetivos claros

A menos que você seja claro sobre o que espera, as pessoas vão hesitar. Conceba frases-chave a serem usadas como mantras: por exemplo, "Vamos atrás da primeira posição" ou "Não vamos aceitar a segunda". Espalhe objetivos intermediários ao longo do tempo, para demarcar etapas distintas de realização.

Envolva as emoções

Os sentimentos são uma espécie de cola psíquica: eles nos prendem ao que embarcamos. A abordagem mais adesiva de todas é incutir um sentimento de orgulho elogiando as pessoas por sua contribuição em cada etapa da jornada, aproveitando todas as oportunidades para enfatizar porque essa jornada é importante.

Vá além das recompensas

As recompensas são importantes, mas limitadas: elas motivam as pessoas a lutar pelas recompensas em si, e não pelas realizações correspondentes. É melhor incentivar a crença de que o projeto vale a pena em si mesmo, para todos.

Participe do sacrifício

Mostrar que você coloca a tarefa acima da conveniência pessoal, e está disposto a reorganizar sua vida, às vezes, pela causa comum, pode motivar os outros. Se você é uma autoridade, um gesto inspirador seria trabalhar ocasionalmente junto com o pessoal.

TRANSFORMADOR

Destaque o progresso

Uma sensação de progresso é altamente motivadora. Você faria bem transmitindo uma ideia contínua de desafios, celebrando os sucessos ao longo do caminho, e dando um feedback positivo e concreto - nada muito brando ou clichê. O desafio excessivo pode levar ao esgotamento; o desafio insuficiente, ao tédio. Um líder que coloca seu povo em um rumo intermediário é capaz de obter ótimos resultados.

Conte uma história inspiradora

Uma "história" pode ser apenas a visão que alguém tem de seu esforço coletivo. Por exemplo, se você está motivando um menino ou uma menina a estudar, pode ser uma história do jovem que diz não às distrações e prioriza o estudo tornando-se o melhor da classe, para a inveja dos amigos - uma visão de um futuro promissor.

COMO TRANQUILIZAR

Mesmo as pessoas mais confiantes passam por momentos em que precisam de tranquilidade. Tranquilizar é uma das funções privilegiadas da verdadeira amizade, seguindo o convencimento implícito: cada um está lá pelo outro. Pode parecer óbvio para você que um amigo foi dominado por suas emoções, e que ele veria as coisas de maneira diferente se pudesse apenas recuar por um tempo. Entretanto, sua necessidade imediata é de simpatia e apoio, não de uma lição de objetividade. Dê aos amigos os primeiros socorros emocionais sempre que eles apelarem para isso. Priorize suas necessidades sobre sua própria rotina.

Disponibilize-se

Quando um amigo lhe pedir ajuda, reordene o que você está fazendo. Ao menos dê a ele alguns minutos de seu tempo agora, por mais inconveniente que isso seja. Tenha em mente que, embora você possa colocar o problema dele em espera por um tempo, ele não pode necessariamente fazer o mesmo. Apenas dar a ele seu tempo para ouvir com simpatia, talvez com um abraço ou dois, pode ser suficiente. Não trate o tempo como uma mercadoria que você precisa usar eficientemente: trate-o como o veículo no qual você expressa seus melhores valores, incluindo a compaixão, não importa onde você está e o que está fazendo.

Mostre que você entende

O contato visual significa apoio. Acene enquanto você escuta atentamente. Repita em suas próprias palavras o que a pessoa está dizendo, e peça confirmação de que você entendeu corretamente.

Coloque-se no lugar deles

Identificando-se com sua situação difícil, você será capaz de validar suas reações dizendo como se sentiria nas mesmas circunstâncias. As pessoas que precisam de segurança, muitas vezes, sentem que estão respondendo anormalmente ao que aconteceu: deixe claro que este não é o caso. Mostre que você está realmente entendendo.

TRANSFORMADOR

Fuja para o futuro

Um problema pode parecer uma prisão. As emoções são como um fardo sem perspectiva de alívio. Proporcione essa perspectiva para a pessoa que você está tranquilizando. "Você precisa de um tempo para colocar essa situação em perspectiva" é mais encorajador do que "Com o tempo, você se sentirá melhor com isso", embora a diferença possa não parecer tão grande - a segunda declaração é superficial e ligeiramente paternalista; a primeira, muito menos.

Seja paciente

A garantia não pode ser entregue como uma cura imediata. Talvez você precise repetir sua mensagem básica de apoio, em palavras diferentes a cada vez - ou mesmo com as mesmas palavras.

COMO LIDAR COM UMA RECLAMAÇÃO

Ao lidar com uma reclamação, no âmbito profissional ou pessoal, manter a calma é essencial para um resultado satisfatório. Todos têm o direito de reclamar, portanto, se você se irrita ou fica na defensiva antes de ter entendido a essência da reclamação, pare e coloque suas engrenagens emocionais no modo neutro. A primeira etapa para lidar com uma reclamação é ouvir e entender, e não erguer um muro de resistência. Depois, analise a situação honestamente, fazendo perguntas se necessário - mas sempre lidando com o reclamante de forma cortês. Esteja disposto a ser mais apologético do que o necessário em prol de relações harmoniosas.

Seja rápido

Você deve lidar com as reclamações de forma rápida e eficiente para evitar aumentar a reclamação - e para lhe dar a chance de restaurar sua reputação antes que as pessoas conheçam como as coisas são do ponto de vista da outra parte - muitos reclamantes tendem a transmitir amplamente suas experiências. Pedir desculpas pode ser a maneira mais rápida, mesmo que você não seja o culpado.

Diminua a indignação

A indignação, uma forma de raiva, pode crescer rapidamente. Ela se alimenta da resistência. A melhor maneira de apagar as chamas é ser calmamente acomodado. Seja acolhedor e amigável. Deixe claro que você está feliz em dar qualquer ajuda que puder para resolver o problema.

TRANSFORMADOR

Agradeça

Se você diz estar grato ao reclamante por chamar a sua atenção para o assunto, isto pode transformar a situação. Você aparece agora como alguém cuja prioridade é identificar os problemas e resolvê-los. Ambas as partes parecem estar do mesmo lado, o que significa que as tensões podem se dissolver.

Seja o único agente

Ao lidar com uma reclamação, não empurre o reclamante para outra pessoa se você puder evitar, pois isso, provavelmente, o irritará. Seja você, mesmo que tenha que falar com outra pessoa que tenha estado mais diretamente envolvida.

Ofereça uma solução realista

Uma vez que você compreenda completamente os detalhes da situação, encontre uma solução que satisfaça a outra parte e a coloque para um acordo. Certifique-se de não fazer uma promessa que você não possa cumprir. Pergunte, no devido tempo, se a solução se mostrou satisfatória.

Explique sem desculpas

Uma vez resolvido o assunto, explique por todos os meios como surgiu o problema. No entanto, faça isso em nome de uma boa compreensão mútua, em vez de arranjar desculpas para si mesmo. Deixe claro que não é sua intenção desviar a responsabilidade.

COMO LIDAR COM OS CIÚMES DE UM PARCEIRO

O ciúme se alimenta da imaginação. Um parceiro ciumento, como um espião, procurará constantemente por sinais de traição para confirmar suas suspeitas. Cada item de suposta evidência desencadeará cenários imaginários: você não tirou o dia de folga para ir às compras, você viu seu amante; a nova bolsa que você comprou é, na verdade, um presente romântico. A suspeita corrói as relações, e não há cura efetiva a não ser ter uma conversa franca e empática na qual os fantasmas são identificados e colocados em repouso.

Evite a indignação

Combater o ciúme com a indignação é combater um incêndio com outro incêndio: nunca funciona. Na verdade, a indignação tende a vir como defensiva. Tente manter suas próprias emoções à distância e lidar com a situação de forma empática: seu ente querido está sofrendo de um problema psicológico que está prejudicando o que é precioso para vocês dois. Em uma tempestade, você precisa manter a calma.

Não provoque

Em certo sentido, o ciúme em seu parceiro lhe dá poder sobre as emoções dele. Qualquer pessoa suspeita de ciúmes e perturbada por ser tratada de forma tão injusta pode ser tentada a usar esse poder para punir - talvez brincando, de forma provocadora, com a existência de outra pessoa em sua vida. Fazer este tipo de jogo é perigoso: evite-o, por mais tentado que se sinta.

Peça para falar

Uma conversa sobre ciúmes é, muitas vezes, sobre limites: o que cada um pode fazer sem quebrar regras implícitas. É bom ter um amigo que, em outras circunstâncias, poderia ter sido romanticamente adequado; por outro lado, também é bom que uma pessoa amada se sinta magoada se essa amizade começar a ter prioridade. Não é aceitável mentir ou esconder; nem reagir mal ao comportamento normal e inocente. Fale sobre a situação, tendo o cuidado de ouvir bem, de tranquilizar e de afirmar o que você valoriza em seu relacionamento. Tome tempo para explorar e resolver o assunto - você não vai querer ter que continuar dando explicações depois.

TRANSFORMADOR

Use linguagem corporal

Um abraço e um beijo, muitas vezes, ajudarão a confirmar a segurança. De fato, qualquer conversa sobre ciúmes que não é selada pelo contato amoroso é falsa.

Busque as raízes

Os ciúmes, muitas vezes, surgem de problemas de confiança causados pelo comportamento de um parceiro anterior. Se ambos os parceiros estiverem comprometidos em colocar seu relacionamento em um nível de equilíbrio, trabalhar em conjunto para resolver tais problemas pode oferecer um caminho para uma maior estabilidade. Mostre a maior empatia possível quando ele ou ela confia em você o que aconteceu no passado.

COMO PERDOAR

Uma pessoa difícil não é necessariamente alguém que você quer banir de sua vida. De fato, essa não é geralmente uma perspectiva realista dentro da família ou do local de trabalho. Se a dificuldade que eles causaram o deixou ressentido, é provável que essa emoção contamine suas relações futuras. Você não é, naturalmente, obrigado a perdoar. Mas, especialmente no âmbito pessoal, esta é uma opção gratificante. Lembre-se, o perdão é algo que é feito para seu bem, não para o bem da outra pessoa. Ao perdoar, você deixa de lado as mágoas que ferem sua paz interior.

Mantenha-se fiel a seus valores

Quando você perdoa uma pessoa, você não necessariamente aceita suas ações. De forma alguma o perdão implica que você aceite que eles tenham sido justificados para quebrar um princípio moral. Por exemplo, se eles mentiram, perdoá-los não o torna mais tolerante a mentir em geral.

Faça uma escolha: diga ou não

Muitas vezes, você pode querer contar a alguém que você perdoou, especialmente dentro de uma relação romântica ou de uma amizade, ou em um contexto familiar. Entretanto, às vezes, você pode não querer revisitar a situação com a pessoa envolvida. Você pode sentir que seria embaraçoso para ambos. A escolha é sua: o perdão silencioso também é significativo. É simplesmente uma determinação interior de estar em paz com alguém, apesar do que ela tenha feito.

Conserte um relacionamento danificado

O perdão não restaura automaticamente a estabilidade dentro de uma relação. Por exemplo, se você perdoou um parceiro por traição, provavelmente, terão muito trabalho a fazer juntos para que a ferida seja curada: o traidor precisará reconquistar a confiança, a vítima para evitar recriminação e suspeita.

Dê tempo

Todas as feridas levam tempo para cicatrizar. Espere ter que passar por inúmeras etapas antes de fazer as pazes. Primeiro você precisa reconhecer a escala e a profundidade de sua ferida, e as emoções desencadeadas. Depois, você pode sentir que precisa deixar isso claro para a outra pessoa. Finalmente, você tem que deixar de lado a dor e a raiva, como um ato de autocuidado. Só então o perdão parecerá possível.

TRANSFORMADOR

Se o perdão parece difícil, pense nisso como uma afirmação de sua própria capacidade de declarar a paz e curar sua própria dor - em vez de abraçar sua dor como um cobertor de conforto. Além disso, ele pode ajudar a refletir sobre qualquer coisa que você possa ter aprendido com sua experiência. Isso pode ser um lado positivo.

COMO LIDAR COM BULLYING

O abuso verbal, de reclamação a insinuações persistentes, deixa marcas e causa profunda dor. Você deve levar isso tão a sério quanto o abuso físico. As formas mais sutis incluem mentir para causar angústia. As variantes não-verbais incluem olhar firme e bater a porta. Deixe claro que você não tolerará tal tratamento. Se isso acontecer dentro de um relacionamento, o resgate pode ser a única opção: enquanto isso, limite o contato e garanta que você tenha testemunhas do que está acontecendo com você.

Evite compartilhar seu foco

Se um agressor o chama de estúpido ou algo semelhante e você responde explicando que o que fez é razoável, você está se envolvendo com o agressor em seu próprio terreno. Em vez disso, chame o agressor cada vez que ele atacar. Ignore o conteúdo de seus comentários. Diga que ele que está sendo abusivo; e peça-lhe, com firmeza, que pare imediatamente.

TRANSFORMADOR

Recrute um ajudante

Ter alguém com quem conversar pode ser não apenas reconfortante, mas, muitas vezes, útil na prática. Eles podem ajudá-lo a encontrar uma resposta para a pergunta: "Estou fazendo muito/muito pouco disto?" Certifique-se de que a pessoa em quem você confia seja simpática. Se ele disser que você pode estar exagerando, ou pedir-lhe que aceite mais, sem realmente se envolver com o que você lhe diz, encontre outro(a) confidente em vez disso.

Chame a atenção para a culpa injusta

Culpar alguém sem justificativa é comum dentro de relacionamentos defeituosos. Tente dizer: "Você está me culpando por algo sobre o qual eu não tenho controle". Deixe claro que isto não é assunto para discussão.

Leve o controle coercitivo a sério

O controle coercitivo dentro de uma relação é uma forma de abuso que é cada vez mais reconhecido. Ameaças e restrições são usadas para impor a subserviência. Se você tem medo de seu parceiro, provavelmente, é uma vítima disso. Registre sua experiência dia a dia e obtenha ajuda profissional: o que seu parceiro está fazendo com você, provavelmente, é ilegal.

Denuncie abusos on-line

O cyberbullying, frequentemente, é verbal ou pode tomar a forma de uso não autorizado de sua imagem. Os sites e aplicativos são obrigados a investigar e tomar medidas se você reclamar. Especifique quais Termos e Condições foram violados; envie uma imagem copiada da observação ou imagem como prova. Dois princípios protetores: não dê informações on-line que permitam a um estranho rastreá-lo na vida real; não carregue na rede de internet nada que você não queira que o mundo veja.

Livre-se das ligações telefônicas abusivas

Chamadas maliciosas ou incômodas podem ter sua ocultação quebrada. Contate a companhia telefônica: eles podem rastrear chamadas de qualquer telefone. Muitas companhias telefônicas trabalham com a polícia. Anote a data, hora e conteúdo das chamadas abusivas.

COMO LIDAR COM UM ASSEDIDOR SEXUAL

As alegações de Harvey Weinstein e a ascensão do #MeToo em 2017 foram marcos na história das relações de gênero, anunciando uma mudança cultural há muito esperada. Bradar um assédio sexual é, muitas vezes, menos prejudicial agora para o reclamante, embora ainda exija coragem. Diferentes vítimas terão diferentes limiares de tolerância e diferentes estratégias de defesa, mas não há razão para que você aceite qualquer nível de abuso. Se você for uma pessoa confiante, poderá optar por envergonhar o agressor em particular, ou dentro do alcance dos espectadores, por uma repreensão direta. Por todos os meios, reclame depois, envolvendo uma autoridade superior, até mesmo a polícia - mas somente se você sentir que as consequências seriam justificadas.

Expresse desconforto no local de trabalho

No local de trabalho, comentários pessoais lisonjeiros são inadequados, a menos que seu talento esteja sendo elogiado. Qualquer comentário sobre a roupa, decote, bumbum ou fascínio de uma mulher é um tabu. Assim como os carinhos ou toques inapropriados. Quando um chefe se comporta assim, o elemento de poder aprofunda o delito. Se isto acontecer com você, um bom ponto de partida é declarar simplesmente, em particular, que o comportamento a deixa "desconfortável" - uma palavra útil que envia uma mensagem clara. Você pode levar isso mais longe se eles persistirem.

Grite alto com os assediadores

Tatear em um lugar lotado, como um trem durante a viagem de ida e volta, é tristemente comum. Proteste de uma forma que chame a atenção de seu agressor se você tiver certeza de que o contato não foi acidental. "Por favor, mantenha suas mãos para si mesmo!" pode ser efetivo. O infrator protestará a inocência (os transeuntes serão céticos), mas será dissuadido de novas agressões.

Pense em vítimas futuras

Se você estiver relutante em causar uma cena ou se estiver inclinada a ser indulgente, tenha em mente que os assediadores sexuais são, geralmente, agressores em série. Tomar medidas, mesmo apenas protestando verbalmente, é um serviço que você pode prestar a outras que podem encontrar comportamentos semelhantes da mesma pessoa - é magnânimo, não vingativo. Entretanto, sempre use sua intuição para julgar o nível de ação que uma situação exige.

Use a sagacidade como uma arma

Se você puder pensar em uma humilhação humorística, às vezes, ela pode funcionar a favor, dando-lhe a vantagem. Um exemplo seria: "Eu me pergunto se você perdeu sua mão. Parece ter acabado no meu traseiro". Isto não significa que você esteja tratando a situação com leveza, apenas que você tem os recursos internos para não se acovardar.

Capítulo 3
Habilidades de Negociação

Muitas vezes, você se encontrará cara a cara com alguém, tentando negociar um acordo. As habilidades aqui abordadas são aplicáveis a todas as situações em que você precisa fazer um acordo com alguém que, provavelmente, não é seu amigo - no local de trabalho, em seus negócios com vizinhos, comerciantes e profissionais, em qualquer papel voluntário que você tenha, ou em qualquer outro contexto. A outra pessoa pode ser paga para conseguir o melhor negócio para seu lado - e pode ser versada em técnicas apropriadas. Mas, tais técnicas podem ser emprestadas por não profissionais. Aproveite este repertório de abordagens experimentadas e testadas para obter o melhor resultado para si mesmo.

COMO SER FIRME

Em qualquer negociação, você precisa deixar claro, desde o início, que merece ser levado a sério. Se você for um suplicante, seu caso deve ser ouvido; se você estiver entrando em uma transação, qualquer preocupação que tenha sobre os termos deve ser atendida de alguma forma. Geralmente é mais fácil expressar uma recusa do que uma exigência, mas, em ambos os casos, ser firme aumentará suas chances de sucesso. Cuidado com a firmeza que se transforma em agressão ou desespero, tudo isso, provavelmente, será contraproducente, levando a um resultado menos satisfatório.

Esclareça seus objetivos

A firmeza precisa de um objeto: ela não pode ser expresso em um vácuo. Você pode pensar que tem uma personalidade forte, mas não confie somente nisso para ter sucesso em sua negociação. Você está trabalhando com objetivos, os resultados que deseja e ser claro sobre eles permite que você seja firme em seguir seu propósito.

Estabeleça parâmetros

Você também precisa ter clareza a respeito das concessões que você possivelmente fará e daquelas que você definitivamente não fará. Se você estabelecer esses limiares com antecedência, em vez de permitir que eles evoluam de forma reativa em uma reunião, a firmeza torna-se, em grande parte, uma questão de ser fiel a eles.

Seja claro

A firmeza é transmitida com mais eficácia não por um tom de voz inabalável, mas, simplesmente, por ser preciso e claro no que você diz. Você pode empregar um tom suave se isso vier naturalmente a você, ou se você achar que isso pode ser mais eficaz com a pessoa com quem você está falando - a ideia do punho de ferro na luva de veludo pode ser uma boa maneira de visualizar isso. Mas, certifique-se, de qualquer forma, de falar pensativamente, buscando clareza em cada frase para transmitir seus pontos.

Segure a linha

Alguns negociadores são claros e firmes o suficiente para estragar o resultado, em parte, através do processo, deixando escapar sua guarda e revelando uma falta de determinação subjacente. Isto pode ser considerado uma fraqueza e explorado em sua desvantagem. Concentre-se em manter sua linha firme até o final da conversa - ou pelo menos até que você esteja pronto para fazer uma concessão considerada.

Varie a formulação

Há muitas maneiras diferentes de expressar o mesmo ponto e, geralmente, é melhor explorar esta variedade potencial em vez de repetir palavra por palavra para martelar um argumento. A exceção a esta regra é quando você inventa uma frase que resume bem sua posição - por exemplo, ao argumentar por horários mais flexíveis no trabalho, "A família é sacrossanta" dificilmente pode ser melhorada. Uma frase concisa como esta é uma carta forte em seu conjunto de negociações, e que pode ser jogada duas vezes para que ressoe com seu ouvinte. Considerar a repetição de uma frase chave é uma boa maneira de terminar uma fase de negociação: prefaciar o eco com um comentário como "Como eu mencionei antes" ou "Voltar a expressar meu mantra".

Evite paredes de tijolos

Quando a pessoa do outro lado mostra total intransigência, talvez até o ponto de rudeza, não adianta levantar sua própria parede de tijolos para igualar: esta seria uma receita para um impasse. Em vez disso, mantenha-se cortês e continue o diálogo, tratando a obstrução como temporária em vez de permanente. Seja o mais ágil e engenhoso possível em suas respostas, evitando a tentação de se aprofundar.

TRANSFORMADOR

Fale de suas "necessidades"

Se você articular seu argumento em termos de suas necessidades, e não de seus desejos, isso reforçará a firmeza de seu argumento. Vale a pena deixar cair a palavra "necessidade" na conversa de tempos em tempos, como um lembrete. Certifique-se, entretanto, de aplicar tais termos apenas ao mais importante, e não a pontos que você se imagina concedendo.

COMO DEFINIR O TOM APROPRIADO

Desde uma conversa casual em um café, até uma discussão formal em um escritório com atas tomadas - a negociação pode ocorrer em qualquer lugar entre estes extremos. O clima também varia, de acordo com uma série de fatores, principalmente o assunto, as personalidades, o grau de diferença entre as partes, as emoções geradas e o impacto do resultado sobre um ou ambos os participantes. Até certo ponto, o tom será uma questão de escolha. A maioria das pessoas prefere negociações que sejam razoáveis, justas, não emocionais, cooperativas e amigáveis. Um ou mais destes elementos podem ser difíceis de sustentar, mas há várias técnicas que podem ser usadas para manter as coisas em equilíbrio.

Esqueça o ganha-perde

A maioria das negociações se presta a uma abordagem ética e cooperativa. Isto é, você procura ser justo e honesto, buscar vantagem mútua em vez de uma vitória direta e se envolver genuinamente com o ponto de vista da outra parte em vez de perseguir uma aniquilação de custos gerais, empurrando com força seu plano. A abordagem de ganha-perde está ultrapassada, mesmo nos círculos empresariais, onde a preservação de boas relações tende a ser considerada, hoje em dia, como de primordial importância.

Seja amigável

Uma troca amigável antes de começar a trabalhar ajuda a definir o contexto da transação. Além disso, é uma boa maneira de obter insights intuitivos sobre seu interlocutor. Enquanto faz a negociação propriamente dita, mantenha uma maneira amigável mesmo entrando no reino de sérias controvérsias. Se a outra pessoa for fria ou mesmo hostil, mantenha um tom de voz amigável e seja cortês em seu modo de expressão, por mais firme que você persiga seus objetivos.

Formalize quando for útil

Se você enfrentar uma discussão com alguém que seja vago ou indeciso, ou inclinado a levar a negociação menos a sério do que você mesmo, use sinais para levantar o tom. Um exemplo poderia ser fazer anotações sobre o que é dito; outro seria referir-se a seu "plano". Pode ajudar se você definir no início qual é o assunto e quais questões pretendem resolver juntos. Se você não receber ajuda na formulação desta estrutura, pergunte à pessoa do outro lado se ela concorda antes de prosseguir. Se você tiver dúvidas, faça um resumo do que você acredita ser a situação. Acompanhe isto com um resumo por e-mail se você acha que isto não seria um exagero.

Use os primeiros nomes com cuidado

Em muitas situações, o uso formal do sobrenome parecerá apropriado ao longo de uma transação. Isto é, em parte, uma questão de julgar o que seria mais bem-vindo ou mais usual. Em casos-limite, você pode ser tentado a optar pelos primeiros nomes, sabendo que isto significa que você ainda pode aumentar o nível de desacordo se assim o desejar. No entanto, pergunte primeiro se isto seria correto. E tenha em mente que em muitos países um gerente bancário, digamos, ou um professor sempre esperaria receber a honra de um trato formal, e você só prejudicará seu caso se cruzar este limite implícito.

Ofereça confiança

A confiança é uma qualidade autorreplicável: ofereça-a e, muitas vezes, você será recompensado em espécie. Seja confiante (dentro dos limites considerados) sobre suas circunstâncias pessoais. Fale (seletivamente) sobre seus processos de pensamento. Embuta na conversa a ideia de que você considera a outra pessoa digna de confiança. A confiança faz com que os resultados sejam melhores para ambos os lados.

TRANSFORMADOR

Use o humor para desarmar

O humor é uma ferramenta versátil que você pode empregar de várias maneiras. Um elemento de autodepreciação pode ajudar a fazer a outra parte relaxar. Se você conseguir fazer alguém rir ou sorrir, é menos provável que ela seja ferozmente oposicionista. Você também poderia usar uma tréplica espirituosa para destacar o absurdo de uma ideia - isto, entretanto, é de alto risco e requer bom julgamento para ter sucesso: o objetivo é fazer com que a pessoa do outro lado sorria com você, em vez de aliená-lo menosprezando sua contribuição.

COMO MANTER A INICIATIVA

A ideia de controlar uma negociação do início ao fim é ilusória. Quando ambos os lados são livres para responder de acordo com suas prioridades e sua personalidade, sempre haverá situações que são inesperadas. No entanto, uma coisa que você vai querer evitar é que a outra pessoa dite a estrutura, a agenda e o cronograma de uma discussão. Manter a iniciativa significa ter influência sobre o vaivém de uma troca. Sem esse papel na condução do diálogo, você provavelmente será manipulado de maneira desconfortável e acabará se sentindo enganado. As técnicas para reter alguma medida de controle variam de questionamentos persistentes a declarar um adiamento para consultar outras pessoas.

Mantenha o status em perspectiva

Certas profissões são, geralmente, percebidas como de alto status. Isto se aplica, em particular, a médicos, advogados e chefes executivos, mas também a especialistas de todos os tipos. Dê a essas pessoas o respeito que parece apropriado, mas evite aceitar suas decisões ou opiniões como inquestionáveis. Um conjunto de qualificações, ou mesmo décadas de experiência, não dão a ninguém o direito de tratá-lo como inferior, descartá-lo como um incômodo ou ocultar de você informações importantes que, potencialmente, afetam algum aspecto de sua vida. Certifique-se de que os especialistas simplifiquem o suficiente para que você possa compreendê-los: é responsabilidade deles se expressar em termos leigos. Questione-os sem ter vergonha de sua ignorância.

Reestruture o plano

Os planos devem servir aos interesses de ambas as partes. Se você acha que pode haver um plano que não respeita suficientemente seus interesses, peça ao outro lado para esclarecer o que ele pretende que a discussão aborde. Fale mais se houver itens que você precise acrescentar ou excluir. Adie qualquer diálogo sobre assuntos inesperados, que você precise de tempo para pesquisar antecipadamente ou discutir com um amigo, parceiro ou conselheiro. Defina sua própria agenda e explique com antecedência se achar que isso será útil: geralmente será.

Estabeleça seu próprio ritmo

Se a outra pessoa insistir em falar, basta ouvir e esperar pacientemente que ela pare; ou, como último recurso, interrompa educadamente e pergunte se você pode fazer uma observação relevante. Não se deixe levar por uma resposta mais rápida do que lhe convém. Peça um tempo se você precisar de uma longa pausa para pensar ou consultar. Os silêncios podem ser úteis para dar-lhe tempo para pensar: não sinta que precisa preencher todos os silêncios que ocorrem. Use tal pausa para concentrar-se no processamento de sua resposta antes de proferi-la – ou, então, para retardar um diálogo que parece estar avançando muito rapidamente.

TRANSFORMADOR

Deixe as emoções assentarem

Se a outra parte se deixar levar pela emoção, permita que o surto morra antes de fazer qualquer outro comentário importante. Permaneça educado e cortês, até mesmo simpático. Faça uma pergunta em vez de colocar um desafio. A emoção diminui mais rapidamente se não for alimentada por uma resposta agravante.

Lance surpresas

A surpresa pode interromper um negociador em meio ao fluxo. Ao introduzir algum elemento surpresa na conversa, você pode forçar a outra parte a começar a improvisar em vez de se ater a sua linha de argumentação pré-determinada. Neste ponto, você terá ganho a iniciativa. Agarre-se a ela, fazendo perguntas de sondagem e fazendo mais comentários inesperados. Um exemplo, em uma disputa sobre a localização de uma conferência, seria destacar um risco sobre o qual você tenha lido com relação a viagens naquela região em particular.

COMO FORMULAR SEUS OBJETIVOS

Uma negociação bem-sucedida é aquela direcionada para um conjunto de resultados concretos, ou metas. Sem elas, é provável que você se sinta desanimado, sem saber se a conclusão é a melhor que você poderia ter esperado. Quanto mais você puder ser claro sobre seus objetivos, mais provável é que os atinja. Tal clareza só pode vir do trabalho de casa - ou seja, analisar sua situação da maneira mais objetiva possível, num espírito de realismo. Uma meta que não leva em conta as circunstâncias e os objetivos prováveis da outra pessoa é um falso amigo que passará a perna antes que a sessão de negociação termine. Tenha objetivos claros e plausíveis e use-os como instrumentos para conduzir a negociação à sua maneira.

Priorize seus objetivos

Muitas vezes, haverá mais de um objetivo, de ambos os lados. Após sua formulação inicial, o próximo passo lógico é estabelecer prioridades entre os resultados desejáveis. Ser claro sobre o que é importante para você e onde se encontram as áreas de possível compromisso é a chave para um resultado satisfatório em qualquer negociação.

Leve em conta os objetivos suaves

Nem todos os objetivos que você busca serão tangíveis e quantificáveis. Em certos casos, você pode estar preparado para aceitar um resultado menos que ótimo por uma série de razões "brandas" - por exemplo, um desejo de aumentar sua reputação de alguma forma; ou estar ciente de que uma transação anterior funcionou enormemente em seu benefício e você quer reequilibrar a sua própria consciência. Outro exemplo de um objetivo "brando" seria tomar uma posição dura para desencorajar reivindicações de outros ou para satisfazer um aliado que de outra forma poderia abandoná-lo - mesmo que "brando" possa parecer uma palavra incongruente neste contexto.

Estabeleça os objetivos do outro

Se você puder inferir os resultados procurados pelo outro lado, por raciocínio ou intuição ou uma mistura dos dois, você pode descobrir que há alguma sobreposição com seus próprios objetivos. Se assim for, isto lhe dá a melhor chance possível de chegar a conclusões vantajosas para ambas as partes. De qualquer forma, quanto mais você souber sobre a situação do outro, mais efetivamente poderá elaborar uma estratégia. Seu objetivo, geralmente, será chegar a uma conclusão harmoniosa, na qual os objetivos principais de ambos os lados sejam alcançados, com a ajuda de compromissos aceitáveis de ambas as direções. Uma maneira de sondar as metas do outro, aliás, pode ser esboçar dois ou três cenários hipotéticos, todos eles igualmente favoráveis a você, e observar qual deles é mais calorosamente saudado.

Estabeleça uma melhor alternativa

Faz sentido perseguir cada acordo conhecendo sua melhor alternativa para um pacto negociado - um cenário descrito no mundo dos negócios como "BATNA".
Ter uma alternativa aceitável permite que você seja mais duro em sua posição, já que você tem um plano B viável para cobrir a eventualidade de que as negociações sejam irremediavelmente interrompidas.

TRANSFORMADOR

Procure por oportunidades no campo esquerdo

No curso da negociação, você pode ver oportunidades favoráveis que não havia considerado anteriormente. Esteja preparado para modificar seus objetivos se uma dessas pausas de sorte vier em seu caminho. Um exemplo seria começar a negociar a compra de uma casa e aprender com o vendedor sobre outra casa, mais desejável, que em breve chegará ao mercado.

Saiba o que importa

Certifique-se de manter os ganhos que você busca em perspectiva. Mantenha-se sempre em contato com seus valores - que podem incluir generosidade, justiça, caridade. Não trate um objetivo relativamente sem importância como uma questão de vida ou morte, pois isso seria solipsismo: a crença de que o universo deve girar inteiramente em torno de suas necessidades. A magnanimidade é mais gratificante do que o egocentrismo. Invista sua maior energia nos objetivos que realmente importam.

COMO DOMINAR OS FATOS

Cometer erros factuais sérios, de qualquer tipo, pode prejudicar uma negociação no meio do fluxo. Um deslize da língua não é importante, e pode ser imediatamente corrigido, sem causar vergonha. Mas, se você usar números significativamente mal calculados ou se fizer uma afirmação errada na qual repousa todo seu argumento, isso pode causar danos em vários níveis. Você pode acabar com um acordo que é menos favorável do que você imagina. Ou, se seu número oposto apontar a falha, você pode encontrar uma grande parte do seu caso desmoronando a seus pés. Acrescente-se a isso o constrangimento, que pode prejudicar seu foco e equilíbrio durante o restante da negociação. Tome tempo para dominar os fatos, para dar a si mesmo uma plataforma sólida para o sucesso.

Recheque as contas

Analise seus cálculos pelo menos duas vezes e verifique se você não omitiu nenhum custo ou medida. Se você fez as últimas porcentagens e frações enquanto estava na escola, considere conseguir um aliado com mais facilidades com números para lhe dar uma mãozinha, se estas habilidades forem necessárias. Recapitule suas contas com ele se você realmente quiser se sentir no controle.

Use uma calculadora de bolso

Leve consigo uma calculadora antiquada, acionada por energia solar se os números forem discutidos - calculadoras de smartphones tendem a ser mais trabalhosas, com numerais menores. Uma calculadora específica também permite que você faça ou receba uma ligação telefônica enquanto digita os números - talvez não seja um cenário provável, mas pode ser útil ter a facilidade.

Domine o detalhe

Pense em termos de especificidades e não de generalidades. Se você está se opondo à construção de um grande galpão, conheça suas medidas; e converta-as também em algo comparável (por exemplo, "o tamanho de meio vagão de trem"). Os detalhes se tornam mais significativos se você tiver alguma forma de torná-los vívidos.

Conheça sua cronologia

Nosso senso de tempo é notoriamente pouco confiável, portanto, mantenha um cronograma de eventos, incluindo reuniões anteriores, com anotações sobre quem participou, onde e quando. Mantenha-o com você durante as negociações. Este documento deve incluir resumos das decisões tomadas e dos compromissos assumidos. Poder citar detalhes dos antecedentes de sua negociação pode dar peso a seus argumentos.

Faça um roteiro de sua argumentação

Um roteiro é um diagrama ou esboço gráfico com anotação de texto, que ajuda a manter a totalidade do seu caso em sua memória. Use palavras-chave ou frases curtas para o texto - apenas o suficiente para servir como gatilho mental - e anote quaisquer figuras. Se você achar que pode antecipar qualquer objeção que a pessoa do outro lado possa fazer, e se você tiver fatos com os quais possa confrontar esses comentários, certifique-se de incluir tudo isso em seu roteiro.

Faça uma revisão antes da reunião

Veja o seu roteiro antes da reunião. Ensaie todos os pontos-chave que você procura transmitir. No entanto, como uma precaução adicional, leve o mapa mental com você para a reunião para o caso de a memória falhar.

TRANSFORMADOR

Citação textual

Se um especialista tiver escrito algo que apoie seu argumento, não cite esse fato simplesmente - leve uma fotocópia da página e entregue-a, com a(s) frase(s) relevante(s) destacada(s). Se alguém tiver dito algo relevante, pare um momento antes de voltar às suas notas e citar suas observações palavra por palavra e dar a atribuição. As provas devem ser apresentadas formalmente, não casualmente, se for para servir ao seu propósito.

COMO NEGOCIAR COMO UM PROFISSIONAL

Se você entender algumas das técnicas que os negociadores profissionais utilizam, especialmente nos negócios, você pode entrar em uma negociação com mais confiança e com uma melhor chance de um bom resultado. Ao comprar e vender, o objetivo é usar as técnicas de negociação para encontrar exatamente o nível certo entre alto demais para o comprador e baixo demais para o vendedor. Em acordos mais complicados, com partes interdependentes, é preciso ter paciência para enfrentar cada ponto por sua vez, enquanto se mantém a visão de um quadro mais amplo.

Molde o pacote completo

Esta técnica chegou ao conhecimento público na cobertura da mídia da saída do Reino Unido da Comunidade Europeia. O princípio básico é que "nada é acordado até que tudo esteja acordado" - em outras palavras, ambos os lados precisam assinar a totalidade de um acordo para que ele seja válido. Esta abordagem é útil quando existem muitas partes interdependentes a uma proposta, cada uma das quais tem que ser negociada separadamente durante um longo período.

Use sinais

Os sinais indicam a vontade de sair de uma posição, desde que seu número oposto corresponda com um movimento semelhante. Um sinal, frequentemente, toma a forma de uma mudança de linguagem. Por exemplo, enquanto antes você falava de algo "impossível", agora você começa a falar de algo "difícil". Isto abre o caminho para que o outro lado, desde que esteja escutando atentamente, faça uma proposta.

TRANSFORMADOR

Evite dar sinais

Imagine que você está olhando para um iate com o objetivo de derrubar o vendedor no preço. Evite enviar um sinal de compra, pois isso mostrará ao proprietário que você pode estar disposto a aceitar o preço da oferta. Exemplos incluem: falar em termos de propriedade futura (onde você navegará, etc.); discutir detalhes de entrega; mostrar desapontamento sobre quanto tempo você terá que esperar para tomar posse; mostrar excitação para seu parceiro. Por outro lado, é claro, se você for o vendedor, você pode se beneficiar da detecção de tais sinais inconscientes.

Venda o som da fritura

O mestre de vendas Elmer Wheeler disse: "Não venda o bife, venda o som da fritura". O "chiado" é um complemento atraente que, às vezes, você pode usar para tornar sua oferta tentadora - um bônus que dá um ganho a curto prazo. Um exemplo seria vender um conjunto de golfe com um cupom complementar para um dia de jogo em um campo de prestígio.

Jogue o jogo

A habilidade de jogo é a chave do que é chamado de negociação "distributiva" ou "posicional" - na qual um ganho para um lado vem às custas de uma perda para o outro. Exemplos incluem pechinchar em um mercado aberto ou negociar o preço de uma casa ou carro. Uma parte, frequentemente, toma uma posição extrema, sabendo que será inaceitável. Esteja preparado para blefar astutamente neste tipo de negociação.

Cuidado com "ofertas finais"

Só diga que você está fazendo uma oferta final se estiver falando sério - e depois use alguma outra frase como: "Cheguei ao fim do caminho". O blefe nesta área é rapidamente exposto e embaraçoso. Nunca pergunte: "Essa é sua oferta final?", pois isso, normalmente, exige que o outro lado diga sim, bloqueando assim mais progressos.

Use o "reforço"

Ao negociar um aumento de salário (por exemplo), a pesquisa deixa claro que seu valor alvo deve estar na parte inferior da faixa que você diz estar procurando - não no meio, nem no topo. O reforço é a abordagem mais produtiva. Se você está procurando R$ 3.000,00, peça entre R$ 3.000,00-4.000,00.

COMO RESOLVER UM IMPASSE

O impasse, quando nenhum movimento parece ser possível em ambos os lados, é o que os negociadores profissionais acham mais frustrante. Pode ser causado pelo fato de uma parte ser exposta muito cedo e vista pela outra como inaceitável; ou então, pode haver questões de princípio no trabalho. Você pode descrever o impasse eufemisticamente como "concordar em discordar", mas isso dificilmente elimina o desconforto. Muitas vezes, a temperatura emocional aumenta. Um negociador antipático pode recorrer a palavrões, linguagem corporal exasperada ou mesmo insultos. Sua primeira prioridade, se você se deparar com isso, é esfriar as coisas através de uma demonstração de boa vontade.

Unam-se

O desejo adversário pode ser duro em nós, mas precisamos resistir a ele para conseguirmos um avanço. Destaque, ao invés disso, qualquer terreno em comum que você compartilhe com o outro lado. Contar com a ajuda deles para cooperar com você na solução do problema comum que surgiu. Desarme sua contraparte, analisando as questões a partir de sua perspectiva. Um espírito de empatia pode ajudar você a identificar maneiras de sair do impasse. Quaisquer ideias que surjam serão mais eficazes se vocês tiverem evoluído juntos, em vez de lançá-las como um movimento surpresa de seu lado da mesa.

TRANSFORMADOR

Pergunte por que, então e se

Em vez de rejeitar a posição do outro lado, faça perguntas para entender seus fundamentos. Uma vez que você tenha conseguido compreender melhor suas motivações e prioridades, pergunte "E se..." para explorar novas formas criativas de abordar as questões.

Faça uma concessão barata

Se você pode oferecer algo que lhe custa pouco, mas é altamente valorizado por sua contraparte, isso pode liberar um bloqueio. Isto não precisa ser concreto: poderia ser uma promessa de fazer todo esforço para fazer algo, ou uma introdução a alguém que você conhece. Vale a pena gastar tempo explorando as possibilidades de tal oferta.

Introduza novas informações

Qualquer coisa nova trazida à situação pode alterar sua dinâmica. Pode, por exemplo, lançar dúvidas sobre uma suposição subjacente à discussão. No mínimo, falar sobre este material adicional pode ter o efeito de criar uma pausa refrescante no processo, tornando mais agradável que você volte às principais questões com energia renovada ou mesmo otimismo.

Mudança de local

A mudança para um cenário diferente pode fazer com que ambos os lados sintam que estão iniciando uma nova rodada de diálogo. Subliminarmente, as ideias que se entrincheiraram podem ser abaladas e questionadas. Esta simples técnica de reunir as pessoas de forma sociável para reabastecer pode abrir novas perspectivas.

Compartilhe um pouco do risco

Se você desejar que alguém embarque em um curso diferente do planejado, pode ser útil se você tiver um interesse no risco. Se você mostrar vontade de compartilhar as incógnitas, isso pode promover um sentimento de parceria.

Ponha o impasse de lado

Esta é a técnica de concordar em "estacionar" o impasse temporariamente, enquanto se passa para pontos menores ou menos controversos que precisam ser resolvidos. Quanto mais estas questões adicionais forem acordadas, maior será a pressão para continuar o impulso positivo quando as partes voltarem à questão do impasse.

COMO SE BENEFICIAR DAS CONCESSÕES

A cunhagem da negociação é, geralmente, dar e receber: você precisa estar disposto a fazer concessões para obter algo em troca. O ideal é que o valor de suas concessões seja reconhecido, embora você não possa ter certeza disso: pode ser necessário explicar o custo para você mesmo, em termos de suas circunstâncias pessoais, a fim de maximizar sua vantagem. Como diz um guru de negócios, "Concessões feitas devem ser concessões entendidas". A pessoa do outro lado deve sentir sua relutância. É claro que fazer muitas concessões logo no início de uma negociação é estrategicamente impensável, pois o coloca do lado perdedor antes de começar. Não faça concessões demasiadas, ou muito rapidamente, e seja flexível em vez de intransigente.

Destaque o sacrifício

Ao fazer uma concessão, é bom descrevê-la usando essa mesma palavra. Caso contrário, sua contraparte pode tratar a oferta como não conceitual, já que, de outra forma, sentiria a obrigação de retribuir. Deixe claro que o que você deu, ou deixou de exigir, tem um custo pessoal para você - um nível de sacrifício. A menos que você diga o quanto isso impacta em você, é improvável que o outro lado se dê conta: somente você tem essa informação, e seria uma autodestruição não a compartilhar. Ao mesmo tempo, diga o que puder para enfatizar as vantagens da concessão para a outra parte.

Articule plenamente sua demanda

Se você desistir de uma demanda inicial muito cedo, fazendo uma concessão rápida, a demanda pode ser vista retrospectivamente como frívola. Sempre articule sua demanda em toda a sua extensão, deixando claro que você a considera razoável, antes de ceder em qualquer coisa.

Peça algo de volta

Se você fizer uma concessão, deixe sempre claro que você espera que o outro lado retribua. Muitas vezes, você poderá fazer isso diplomaticamente. Por exemplo, se você tiver concordado em pagar mais por um serviço, você poderia dizer que espera que isso permita que sua contraparte seja mais minuciosa na execução do mesmo.

Seja confiável

Dizer que você dará uma concessão particular dependendo de seu recebimento de algum benefício em troca faz sentido lógico, mas há o risco de que a confiança seja minada. É melhor não usar este estratagema se o relacionamento for importante para você. Use-o somente quando você já não tiver motivos para confiar na pessoa com quem está lidando.

Faça concessões encenadas

Se você fizer uma grande concessão de uma só vez - por exemplo, aumentando o preço da oferta em um terreno por tanto quanto você possa pagar - a outra parte pode pensar que pode haver mais concessões em espera, uma vez que a maioria dos negociadores procede em uma série de etapas. Faça concessões por fases - você pode obter exatamente o que deseja antes de esgotar todo o seu orçamento de contingência.

Não ceda sempre

Ceder é uma forma comum de se chegar a um acordo final em uma negociação de preços, mas a pessoa que propõe é geralmente a que mais se beneficia com isso. Diga não se você realmente acha que a proposta o prejudicará.

TRANSFORMADOR

Tenha algo na manga

Manter parte de seu "capital" em reserva pode ser útil quando as coisas descem ao limite nas negociações, como muitas vezes acontece. Isto lhe permitirá, se for necessário, fazer uma última concessão como um "extra" do negócio.

COMO ESTABELECER LIMITES

Em qualquer negociação, uma técnica chave é estabelecer uma "linha vermelha" entre o aceitável e o inaceitável. Isto é crucial também na vida diária - podemos não gostar de alguém, mas podemos optar por nunca expressar nossa hostilidade diretamente a ela: fazê-lo seria cruzar uma linha vermelha. Falamos também de "linha de fundo", que é diferente. Uma linha de fundo é uma posição de afastamento - por exemplo, um preço além do qual estamos determinados a nunca ir. As linhas de fundo, normalmente, não serão reveladas em uma negociação, uma vez que isso mudaria o equilíbrio de poder. Mas, você pode declarar uma linha vermelha sem prejudicar sua posição, e normalmente é benéfico fazê-lo, para evitar perder tempo com algo que é fundamentalmente impossível. A título de ilustração, uma linha vermelha que a maioria das pessoas aderiria é que um produto à venda deve ser adequado ao propósito: se não corresponder a esta descrição, o negócio está cancelado.

Estabeleça um preço de reserva

Um preço de reserva é o ponto em que o preço de algo se torna tão baixo que não faz sentido para o vendedor prosseguir com o negócio. Isto é uma linha de fundo, não uma linha vermelha, e não deve ser revelada ao outro lado, ou se tornará a "âncora" em torno da qual ocorre a negociação.

Use linhas vermelhas para economizar tempo

Anunciar uma linha vermelha com antecedência pode ser uma forma útil de garantir que o tempo não seja desperdiçado na navegação em direção a uma parede de tijolos. Por exemplo, você pode dizer que está disposto a ser o executor de um testamento, mas somente se um primo seu agir como co-executivo com você; ou se você estiver preparado para investir em um start-up, mas somente se o novo negócio comercializar de acordo com padrões ecologicamente aceitáveis. Fica então claro, imediatamente, que você se afastará se sua condição não for atendida; e se a outra parte não puder aceitar esta condição, então, ela se afastará, poupando o tempo de todos.

TRANSFORMADOR

Em caso de dúvida, sinalize

Você pode sentir que, em certas circunstâncias, talvez esteja preparado para mudar seus principais parâmetros. É claro que seria temeroso baixar seus padrões éticos, mas as fronteiras nem sempre são sobre ética. Não use linhas vermelhas como posições de negociação, sabendo que você pode alterá-las mais tarde, ou isso prejudicará sua autoridade. Em vez disso, consulte no início não uma "linha vermelha", mas uma "consideração chave", um "fator sério". Isto faz com que seja menos prejudicial se você eventualmente decidir ceder neste ponto.

Evite calúnias

Ao estabelecer uma linha vermelha explicitamente, você está implicando que a outra parte consideraria propor algo que você considera tabu. Cuidado para não lançar calúnias involuntariamente. Normalmente não há necessidade de estabelecer uma linha vermelha para excluir algo ilegal ou imoral. Se você o fizer, isso poderá ser visto como um insulto.

Estabeleça limites para o diálogo

Qualquer método de negociação também precisa de limites mutuamente aceitáveis. Por exemplo, se você discordar de alguém sobre qual de vocês tem prioridade no uso de uma vaga de estacionamento, você não quer ser chamado tarde da noite para discutir o assunto; nem para que a outra pessoa lhe ligue no trabalho sobre o assunto. Se você achar que houve uma infração em tais aspectos, deixe claro que isto é inaceitável e estabeleça parâmetros firmes para continuar a discussão. Ambos os lados devem manter as disputas em perspectiva e não deixar que a força do sentimento leve a invasões de privacidade.

COMO SE COMPROMETER EFETIVAMENTE

A negociação ocorre no espaço entre duas posições, cuja distância depende das circunstâncias. Cada pessoa se desloca para esse espaço com o objetivo de encontrar um ponto em comum. Isso quase inevitavelmente envolve compromisso: ambas as partes desistem de algo para ganhar algo mais valioso para elas. Caso contrário, o que ocorreu não é uma negociação, mas simplesmente um acordo sobre os termos.

Conheça o valor de tudo

Um bom negociador sabe o valor de tudo o que ele ou ela pode ser obrigado a dar. Também é importante avaliar os "bens" do outro lado - as coisas que você quer deles - da mesma forma. O compromisso se torna interessante quando algo significa mais para um lado do que para outro. Resistir a uma demanda não por causa do custo associado, mas simplesmente como um estratagema de negociação é uma tática comum. Se você se deparar com esta atitude, sua melhor abordagem, geralmente, é descrever o que você percebe como o valor do item disputado para a pessoa que o está mantendo de volta. Você pode fazer isso falando sobre qual pode ser o impacto da perda. Se esse impacto para A for menor do que o impacto do ganho para B, então, B tem uma vantagem.

Evite a decepção

Se você sabe que o acordo é provável, ajuda se você puder se preparar emocionalmente para ele com antecedência. Alcançar um acordo comprometido e depois sentir uma amarga decepção é algo que não deveria acontecer. Você não pode ajudar suas emoções, mas pode diminuir seu poder se você evitar apegar-se a expectativas irrealistas. Além disso, lembre-se: comprometer-se não é perder.

TRANSFORMADOR

A prova futura do resultado

Se você entrar em um diálogo sabendo o alcance do acordo que pode ser extraído de você, é importante que você ainda não tenha agido no pressuposto de que obterá o melhor negócio possível: você pode não conseguir. Assegure-se de que um acordo não tenha um custo extra para você por causa, por exemplo, de compromissos que você tenha feito com base na garantia de um resultado melhor. Um exemplo simples seria tentar persuadir um diretor de escola a aceitar seu filho em uma escola depois que você já tenha comprado o uniforme. Um refinamento da prova futura seria já ter feito planos de contingência, pelo menos em linhas gerais, caso você acabe com um cenário de pior caso.

Use brindes chamariz

Negociadores astutos, às vezes, se preparam para conceder coisas que têm menos valor para eles do que parecem na superfície. Por exemplo, se em uma troca você lançar brindes extras que ganhou em um sorteio, você ainda terá seus brindes originais.

Comprometa-se lentamente

Você deve proceder como se todo compromisso que você faz carregue um elemento de sacrifício - mesmo que este não seja de fato o caso. Retardar uma concessão e dar-lhe um ar de relutância tem o efeito de aumentar seu valor percebido para a outra parte.

Evite o perde-perde

Alguns acordos não funcionam para nenhuma das partes. Um exemplo da esfera doméstica será suficiente para fazer este ponto. Imagine que um casal decide sair para uma refeição. Um quer comer mexicano, o outro, chinês. Eles se comprometem com a entrega de uma pizza. Nenhum dos dois está satisfeito. Uma decisão mais atraente pode ser que eles vão a um restaurante mexicano esta semana, um chinês na próxima - ou talvez joguem uma moeda para decidir sobre o pedido. Procure maneiras de dar a ambas as partes o que elas querem em momentos diferentes, em vez de um acordo pontual.

COMO CONQUISTAR ALGUÉM

Qualquer pessoa envolvida em uma negociação tenderá a encontrar resistência em algum momento, e quando isso acontecer, a temperatura pode começar a subir. A polarização ocorre, então, à medida que os dois lados ficam entrincheirados em sua posição. Para evitar este tipo de impasse, é bom usar a arte da persuasão desde o início. Algumas pessoas são persuasoras naturais: elas parecem ser capazes de conquistar outras para o seu ponto de vista, quase sem esforço. Outros dependem de sua posição para tentar impor o que querem, mas a persuasão é sempre mais eficaz do que a coerção. Vale a pena aprender habilidades de persuasão, pois elas são a chave para influenciar outras pessoas e, assim, atingir seus objetivos.

Não seja tão óbvio

O desespero é um impedimento. Procure sempre parecer relaxado sobre o resultado, enquanto escolhe apenas as coisas certas a dizer para promover seu caso. Adquira o hábito da atenção, pois isto pode ajudá-lo a se desligar de suas emoções e se apresentar como mais autocontrolado.

Mergulhe no trabalho

Passe muito tempo se preparando para dar a você o domínio de seus fatos e argumentos. Isto lhe permitirá concentrar-se durante a própria negociação, quando o que importa é ser persuasivo e responsivo. Se você não estiver preparado, provavelmente, perderá energia tentando se lembrar dos pontos-chaves; e aparecerão rachaduras em sua confiança, tornando-o mais vulnerável.

Evite a repetição

Repetir o mesmo ponto é chamado, no âmbito doméstico, de "incômodo". Esta é uma maneira ruim de convencer. Em vez disso, tente fazer pontos memoráveis de forma eficaz e apoie-os com boas evidências. Por todos os meios, recapitule em momentos selecionados, mas não deixe que a repetição seja seu modus operandi.

Filtre e ouça

Selecione judiciosamente seus argumentos e provas, descartando detalhes desnecessários. Oferecer demasiada informação - uma falha semelhante a falar demais - pode criar uma névoa que obscurece seus pontos mais convincentes. Deixe o silêncio trabalhar para você, dando-lhe tempo para pensar e ouvir.

TRANSFORMADOR

Mostre seu melhor "eu"

Ter autoestima elevada e boa inteligência emocional tende a tornar os outros mais receptivos a você. Outras qualidades valorizadas são confiabilidade, sinceridade, responsabilidade, veracidade, conhecimento do assunto e simpatia. Também ajuda se você for visto como positivo, cooperativo e articulado. Você pode não ser capaz de mudar sua personalidade, mas deve garantir que suas melhores características estejam em exibição, uma vez que elas incentivam o relacionamento - um fator chave na persuasão.

Cabeça e coração

A persuasão opera em mais de uma frente. Uma de suas ferramentas é a lógica. Argumente seu caso com clareza e consistência, usando linguagem simples. Certifique-se, quando usar palavras como "porque" e "portanto", de que existe um vínculo causal genuíno. Esteja ciente também da dimensão emocional, que entra, por exemplo, quando você apela para o interesse próprio da outra parte. Avalie como seus sentimentos estão se movendo enquanto você fala sobre as coisas, e responda a quaisquer esperanças, preocupações, desejos, dúvidas e assim por diante que você detectar.

Seja versátil

A persuasão tem uma gama de táticas em seu repertório: explicar, promover, convencer, desafiar, debater, influenciar e exortar fazem parte de seu trabalho. Esteja preparado para empregar qualquer uma ou todas essas habilidades - da forma mais sutil e diplomática que puder - para aumentar suas chances de um bom resultado.

COMO LIDAR COM A FRAQUEZA

Às vezes, você entrará em uma negociação sabendo que sua posição é menos que a ideal. Pode haver uma falha em sua argumentação que você terá que tentar disfarçar, ou podem faltar-lhe provas convincentes para apoiar seu caso. Então, talvez, você enfrente alguém em uma posição de autoridade ou poder, ou mesmo uma equipe inteira. Em tais circunstâncias, é difícil não sentir que as probabilidades estão contra você. Entretanto, se você for astuto, fará todo o possível para aumentar seus pontos fortes e minimizar suas fraquezas.

Mostre autoconfiança

A atitude é fundamental. Para jogar bem com uma mão fraca, você precisará reunir um grau convincente de autoconfiança, uma vez que qualquer admissão de fraqueza é provável que funcione contra seus interesses. Se a outra parte não estiver ciente de suas dificuldades, mantenha-as escondidas. Se eles estiverem cientes das falhas em sua posição, faça tudo que puder para enfatizar quaisquer pontos de força. Fazer um pouco de humor, ou apenas ser amigável, pode ajudar a transmitir a ideia de que você está confiante.

Surpreenda

As surpresas podem ser desarmantes. Considere fazer um movimento surpresa que distrairá o outro lado - nada dramático, mas apenas o suficiente para perturbar as expectativas. Você pode, por exemplo, adotar um tom confessional, admitindo alguma preocupação - embora não seja sua verdadeira preocupação.

TRANSFORMADOR

Enfatize o impacto pessoal

Sem autopiedade, pode ser útil descrever, sem emoção, qual seria o impacto para você de não conseguir obter o que procura. Este estratagema pode valer a pena quando você estiver lidando com o representante de uma instituição, que pode pensar em você inicialmente como apenas mais uma estatística. Revelar como a vida se apresenta do seu ponto de vista pode contribuir, de alguma forma, para personalizar o relacionamento e ganhar seu apoio.

Apele aos valores

Tente identificar para a pessoa do outro lado algum valor que (a) ajude seu caso e (b) seja universalmente aprovado. É pouco provável que a "caridade" funcione em um cenário de negociação, mas a "justiça" pode funcionar. Você também pode pedir para receber o benefício da dúvida; ou para ser perdoado por ter cometido um erro de principiante - o que for mais adequado às circunstâncias. Além disso, considere apelar para o valor da preservação de um bom relacionamento. Mesmo que você tenha a intenção de não mais lidar com essa pessoa, você poderia implicar que considera a qualidade do relacionamento como uma base importante para futuras negociações.

Jogue com a reputação

Deixe claro, por meios sutis, que você tem muitos contatos que estão ao seu lado. O fato de ignorar as fraquezas de seu caso pode valer a pena para sua contraparte se eles saírem do processo com uma reputação aprimorada, que os beneficiará em futuras transações com outras pessoas.

Amplie o escopo

A declaração de que você irá empreender certos serviços se os seus requisitos básicos forem cumpridos pode ser um acordo, mesmo quando nenhum acordo parece provável. Você pode dar seu tempo, mesmo que não tenha mais ativos para dar. Não apresente estes serviços como subornos, mas como uma parte normal da estrutura de negociação. O que você está fazendo, em essência, é ampliar o escopo da negociação para que sua fraqueza seja proporcionalmente diminuída. Você pode até mesmo se encontrar oferecendo itens que você teria dado em qualquer caso.

COMO IMPROVISAR BEM

A improvisação é a arte de pensar e falar sem um roteiro. Muitas vezes, a única opção em reuniões com pessoas imprevisíveis, ela também é adequada para situações em que novas informações estão constantemente surgindo. Ao improvisar, você se encontrará expressando certos pensamentos que você nunca teve antes, não importa o comunicado. Isto é o equivalente, no reino da negociação, a ser um músico de jazz: você pode estar construindo riffs familiares em sua apresentação, mas está levando-os a novos lugares.

Habite seu pensamento

Ao improvisar, você precisa realmente habitar seu pensamento - ou seja, não confiar em fórmulas pré-definidas. Isto significa que você precisa se concentrar. Quaisquer distrações que afetem sua mente irão interferir na clareza de seu pensamento e de sua expressão. A confiança faz uma grande diferença: quanto mais confiante você se sentir, melhores resultados você obterá, e isto fará crescer ainda mais sua confiança. Portanto, apague qualquer pensamento de fracasso ou inadequação. Você tem total controle sobre o que diz e como responde: construa a partir deste pensamento para aumentar sua autoestima.

Conheça os fatos

A improvisação requer um pensamento rápido, o que é mais fácil se você tiver todos os fatos na ponta dos dedos. Se você tiver dominado os fatos, poderá, então, a qualquer momento, recorrer ao que quer que sirva ao seu argumento, e ao apresentá-los você ganha tempo para pensar, uma vez que este é um processo relativamente automático.

Use sua imaginação

A imaginação é um recurso inestimável quando todas as táticas que você empregou até agora falharam e você é confrontado com algo inesperado. Neste ponto, você pode escolher capturar uma nova ideia do campo esquerdo. Ao surpreender a pessoa com quem está falando e forçá-la a se afastar de seu próprio roteiro, você pode, muitas vezes, conseguir um resultado melhor.

Seja conciso

Ao improvisar, escolha suas palavras com cuidado e parcimônia, e veja que resposta você recebe. Você está em território desconhecido, portanto, faz sentido proceder com um certo grau de cautela. Teste o terreno. Avance uma ideia de cada vez. Você pode, então, dizer mais, se precisar avançar as coisas.

Passo para trás

Quando uma situação se torna tensa, uma abordagem improvisada é reconhecer esse estado de espírito e sugerir que seria útil para ambas as partes abordá-la mutuamente. Por exemplo: "Parece que chegamos a um ponto de tensão. Vamos ter uma conversa sobre isso por alguns minutos. Talvez sejamos capazes de entender como isso aconteceu e avançar com melhor compreensão".

TRANSFORMADOR

Use o hipotético "nós"

"O que aconteceria se tivéssemos uma visão a longo prazo, assumíssemos mais riscos/consultássemos a um terceiro?" Este tipo de lógica hipotética é uma boa maneira de envolver a outra pessoa em um resultado compartilhado com você. Usar a palavra "nós", em qualquer caso, pode ajudar a quebrar barreiras.

Tente a tática "Sim, e"

Este é um estratagema clássico de negociação. Em vez de dizer "Sim, mas...", você procura oportunidades para dizer "Sim, e...". Em outras palavras, você encontra pontos com os quais a outra pessoa faça comentários que você pode concordar e levar adiante - em uma direção consistente com seu pensamento e seus objetivos. Essa pequena palavra "e" se encaixa mais facilmente no diálogo do que seu oposto "mas", o que, para algumas pessoas, imediatamente desperta um alarme ao indicar discordância.

COMO EXPLORAR UMA META PRÓPRIA

Em qualquer negociação, a menos que as partes sejam robôs, há muita margem para erros. Quanto mais improvisado for o diálogo, mais provável é que sejam cometidos erros em ambos os lados. Alguns erros são triviais e podem ser corrigidos imediatamente sem prejudicar o caso do proponente - por exemplo, se alguém ficar confuso com números ou com a cronologia dos eventos. Outros erros são mais prejudiciais e podem ser explorados se você for suficientemente hábil para não desperdiçar a oportunidade quando a outra parte marcar um gol contra.

Atenda ao contexto

Em qualquer situação litigiosa, o contexto geral incluirá fatores com os quais você não é normalmente parte, mas, às vezes, a pessoa com quem você está lidando fará uma admissão reveladora. Por exemplo, se um vizinho que está tentando fazer com que você concorde em contribuir para o custo de uma atualização de jardim compartilhado deixa escapar que está planejando vender no próximo ano, você subitamente percebe que há mais interesse próprio no trabalho do que pode ter sido aparente no início. Para obter uma compreensão mais completa de qualquer situação litigiosa, você precisa manter suas antenas em alerta: você pode aprender algo em seu benefício a qualquer momento.

Contradições pontuais

O ponto anterior tratava das admissões não intencionais. Igualmente úteis são as contradições feitas pela outra parte, pois estas podem adverti-lo imediatamente de que algo está errado. Muitas vezes, uma contradição indica desonestidade. Dizem que a atualização do jardim custará cerca de R$1.000,00 (dividido entre os dois vizinhos), mas então você aprende que só a lagoa custará R$750,00, portanto, os números não coincidem. O próprio objetivo aqui é a subestimação inicial do custo total, o que mina a confiança.

Aprenda com os pontos quentes

Um outro tipo de objetivo próprio ocorre quando alguém dá suas prioridades, aquecendo-se demais em um pequeno ponto. Você tinha pensado que a prioridade deles era A, mas acaba sendo A1, que é apenas uma pequena parte de todo o projeto. Isto lhe dá informações úteis, já que pode ser que você aborde o problema A1 com menos concessões a suas próprias prioridades do que aborde o projeto A como um todo envolveria.

Desmascare o não-especialista

Uma forma comum de objetivo próprio ocorre quando alguém que reivindica conhecimento especializado em um assunto torna evidente que seu domínio do material é mais fraco do que deveria ser. Se você suspeitar que o conhecimento oferecido é estranho, pode ser necessário consultar alguém que realmente entenda do assunto, ou fazer alguma pesquisa online, para aproveitar ao máximo essa fraqueza. Uma vez que tenham surgido buracos na fachada do conhecimento que a outra parte está tentando apresentar, você não deverá ter dificuldade em demoli-lo, desde que seu domínio dos fatos seja suficientemente forte.

Considere o momento

Uma fraqueza na posição de alguém, traída por um objetivo próprio, não deve ser necessariamente explorada de imediato. Às vezes, é melhor se conter e fazer esse momento funcionar para você mais tarde. Pense cuidadosamente sobre quando, e como, empurrar sua vantagem para casa. Saber que você tem um objetivo próprio na manga pode lhe dar confiança ao entrar em uma reunião difícil - você pode nem mesmo ter que usá-lo!

COMO EXPLORAR A INCONSISTÊNCIA

A inconsistência por parte de alguém com quem você está tentando chegar a um acordo pode ser frustrante - como tentar pegar um hamster fugitivo que continua mudando de direção. Entretanto, se você mantiver sua perspicácia, às vezes, você pode usar a inconsistência em seu próprio benefício.

Apegue-se ao positivo

Se alguém continua mudando de ideia sobre o que quer, uma abordagem é esperar até que ele chegue à posição que lhe convém. É verdade, eles provavelmente vacilarão ainda mais, mas faça com que eles assumam um compromisso firme antes que isso aconteça. Uma abordagem alternativa seria parar o diálogo e sugerir que continuem uma vez que tenham tomado uma decisão firme - mas você pode estar dando a eles mais tempo para construir um caso forte e contrário aos seus próprios interesses.

Acrescente sua opinião a esta mistura

Quando alguém está indeciso, é provável que seja suscetível a ideias de qualquer pessoa. Agora, eles sabem que você vai ser tendencioso. Mas, se você puder se apresentar como uma fonte de sabedoria e experiência, ansioso para garantir que eles não contaminem toda a negociação, optando por algo que não seja de modo algum do seu próprio interesse, você pode ser capaz de empurrá-los na direção que melhor lhe convier.

TRANSFORMADOR
Seja um negociador "altruísta"

As pessoas esperam que os negociadores representem seus próprios interesses. Portanto, pode ser desarmante se você se afastar da batalha binária de vez em quando e oferecer sua opinião sobre o que melhor serviria aos interesses da outra parte. Esta tática pode ser útil quando você está lidando com alguém que realmente não sabe o que quer. Para levá-la adiante, você precisa ser capaz de gerar confiança em sua sinceridade.

Construa um caso à prova d'água

Quando o outro lado mostra inconsistência, às vezes, é suficiente ter um argumento realmente à prova d'água e apresentá-lo sem problemas. Fazer isso pode automaticamente mostrar as contradições de seu oponente, dando-lhe a vantagem. É menos provável que um debatedor inconsistente faça um caso revelador contra você. Se você optar por destacar as inconsistências, faça objetivamente, sem desvalorizar: apenas deixe as falhas deles derrubar seu castelo de cartas sem que você precise se esforçar.

Apanhe os conflitos de cabeça e coração

Inconsistências, muitas vezes, indicam um conflito interno. Talvez, seu coração esteja dizendo uma coisa e sua cabeça outra. Aplique empatia para detectar tais contradições. Isto aumenta seu conhecimento sobre a outra pessoa, e um conhecimento maior é sempre útil quando se chega às trilhas de negociação. Escolha qual mensagem - da cabeça ou do coração - lhe convém melhor e veja se você pode influenciar a pessoa nessa direção através de um sutil reforço de sua própria lógica (cabeça) ou instinto (coração).

Capítulo 4
Habilidades de Comunicação

A maioria de nós acredita ser fluente em nosso idioma nativo, mas há mais do que isso para uma comunicação eficaz. Em particular, é necessária uma habilidade especial para poder falar sobre nossos sentimentos - o vocabulário não vem facilmente para muitos. Além disso, existem vários obstáculos potenciais para afirmar ou enfatizar nossas necessidades pessoais - incluindo nosso medo de incomodar ou irritar os outros. O capítulo seguinte fornece orientações sobre tais assuntos, bem como estratégias eficazes para obter bons resultados via e-mail ou telefone.

COMO FALAR MAIS EFICAZMENTE

Ninguém em uma conversa pode ser totalmente pouco comunicativo, mesmo se permanecer em silêncio: o silêncio e a linguagem corporal falam alto. A comunicação eficaz na fala depende de seu reconhecimento de que não transmitir bem suas mensagens levará a falsas impressões - e prejudicará seus melhores interesses em um diálogo desafiador. Tente estar o mais relaxado e alerta possível antes de começar: faça exercícios respiratórios para manter qualquer ansiedade à distância. Falar de forma clara e simples é fundamental. Evite frases complicadas ou linhas de argumentação. Tenha em mente também: o que você não diz, provavelmente, eles não saberão. Não faça suposições erradas a este respeito.

Policie sua agenda

Em uma conversa pré-estabelecida, basta concentrar-se no assunto em questão, evitando a tentação de expor qualquer reclamação do passado, ou qualquer outro assunto atual que lhe diga respeito. De qualquer forma, discuta mais de um tópico, mas decida sua agenda com antecedência e não desvie para as batalhas de amanhã ou de ontem.

Assuma a responsabilidade

Se a outra pessoa não aceitou o que você disse, assim seja: você não pode mudá-la. Mas, se você não for totalmente compreendido, é provável que a culpa seja sua. À sua disposição, você tem todos os poderes de comunicação para dizer exatamente o que você quer dizer. Assuma a responsabilidade de se comunicar efetivamente.

TRANSFORMADOR
Escolha onde e quando

Quando você tiver a escolha do local, pense cuidadosamente. Em sua casa, você não terá a opção de sair e pode não querer admitir alguém de qualquer forma: mas se não houver outra opção, a cozinha pode ser um lugar mais neutro. Faz sentido, se você tiver controle sobre o horário, escolha a manhã em vez do final da tarde ou da noite. Uma longa conversa no final da manhã pode se estender até a hora do almoço, portanto, faça um lanche de antemão, se isso parecer provável. O meio-dia pode não ser o ideal se você quiser mais de uma hora, ou para evitar o embaraço de um convite para almoçar.

Crie relacionamento
Estar confiante e aberto pode criar uma vibração positiva mesmo quando há problemas para resolver; e isto pode trazer soluções mais ao alcance mútuo. Julgue pelo relaxamento e abertura da outra pessoa - a partir da linguagem corporal e do tom de voz - se você criou relacionamento. Caso contrário, trabalhe mais a respeito.

Mude para o silêncio
Desligue seu telefone celular abertamente e obviamente. A outra pessoa pode, então, desligar o dela- se não o fizer, geralmente, é melhor não avisar, pois isto pode parecer paternalista, e muitas pessoas não suportam ser desconectadas.

Permita uma perspectiva diferente

A menos que seja profundamente censurável, respeite o modelo do outro no mundo, por mais diferente que seja do seu. Em muito do que você diz, você representará seu próprio ponto de vista. Mas, olhar para as coisas do ponto de vista do outro pode facilitar o julgamento de como colocar o seu ponto de vista. Se você não entender a posição dele, faça perguntas.

Dê razões

Se você der razões para o que está pedindo, ou disser que planeja fazer, é mais provável que suas decisões sejam aceitas. Você pode pensar que as razões são óbvias, mas vale a pena explicá-las brevemente, para lembrar à outra pessoa que você tem seu próprio conjunto de interesses - que poderiam muito bem ser os que ela adotaria se estivesse em seu lugar.

Diga obrigado

Dizer "Obrigado por seu tempo" no início de uma reunião é um gesto simples que, imediatamente, estabelece um tom positivo, por mais que duas pessoas discordem.

Destaque a certeza

Se um aspecto de sua argumentação estiver além de qualquer dúvida, enfatize isto. Diga algo como: "Isso é um fato absoluto". Quando opiniões opostas se chocam, a distinção entre fato e suposição pode ser difusa. Quando os fatos estão do seu lado, faça com que eles saiam da linha e se identifiquem.

TRANSFORMADOR

Introduza a palavra você

Por que usar "você" em situações em que ela seria facilmente evitável? Porque se você pode enquadrar uma declaração para incluir a perspectiva da outra pessoa, ela forma, por mais fugaz que seja, uma ponte de consideração que pode ajudar a reduzir os sentimentos negativos em relação a você. "Acho que a vida se tornará mais harmoniosa se você der esses simples passos", é melhor do que "Por favor, você daria, etc.". "Eu lhe imploro, por favor, etc." também usa a palavra você, mas o "Eu" é mais dominante. "Nós" também pode ser eficaz se você quiser enfatizar os interesses compartilhados; assim como "juntos". Evite usar "você" de forma acusadora - não 'Você realmente perturbou meu marido', mas "Encontrei meu marido em lágrimas."

Use pausas

Pode ser eficaz fazer uma pausa de alguns segundos para enfatizar o que você acabou de dizer ou assegurar a atenção do outro antes de fazer um argumento chave. Uma pausa de até cinco segundos pode transmitir autoridade e confiança e dar a eles tempo para que entendam o que você quer dizer.

COMO SER ELOQUENTE

A seção anterior oferecia alguns princípios-chaves para uma comunicação eficaz. Você pode, entretanto, optar por ir um passo além e aperfeiçoar suas habilidades de fala para levá-lo a um nível superior - o que tradicionalmente seria chamado de "eloquência". Isto pode ser útil ao lidar com profissionais, ou quando você precisar transmitir a impressão de confiança e autoridade. A eloquência é uma técnica de persuasão baseada na fluência e aptidão da linguagem, frequentemente, usando técnicas como metáforas e símile.

Purifique sua fala

Trata-se, em grande parte, de evitar palavras vazias como "éé" e "hum", dizer "sim" em vez de "ok" e, geralmente, ser preciso no uso da linguagem - como você faria se estivesse escrevendo em vez de falar. O segredo é pensar antes de falar e não sentir qualquer ansiedade sobre pausas curtas - uma pausa é melhor do que um "éé". Use as palavras corretamente - isto significa não se exibir usando palavras longas que você não entende totalmente.

Mantenha seu sotaque

Um sotaque regional não é um entrave à eloquência. Não o suavize ou imite a "pronúncia recebida", se isto não lhe for natural. É melhor, no entanto, evitar o dialeto local se houver uma possibilidade de que isto não seja totalmente compreendido.

TRANSFORMADOR
Pratique

A eloquência vem com a prática. Falar mais devagar do que o normal pode ajudar você a fazer isto direito. Ouça como as pessoas falam nas entrevistas de rádio, e tente aprender com isso. Parte do segredo é estar relaxado e concentrado. Respire fundo e devagar antes de começar. Por que não praticar a eloquência em conversas não desafiadoras, para que você esteja melhor equipado para cruzar espadas verbais com pessoas difíceis quando a ocasião surgir?

Use palavras de ligação

Advérbios como "no entanto", "além disso" e "em particular" podem não chegar a você prontamente no discurso comum, mas são componentes úteis de eloquência.

Implante imagens

Uma imagem, dizem, vale mais do que 1.000 palavras. No mesmo espírito, suas palavras valerão mais se você inserir imagens - ou seja, figuras. Uma imagem ou metáfora convoca uma imagem na mente, criando um paralelo visual. Compare o impacto destas duas sentenças: "Não consigo alcançar o impossível"; "Não consigo colocar a chuva de volta no céu". Não há uma verdadeira diferença no significado, mas o segundo exemplo dramatiza o ponto de forma memorável.

Foque na gramática e na sintaxe

Os políticos no rádio e na TV, frequentemente, cometem erros linguísticos - como seguir um assunto no plural com um verbo singular - portanto, você não deve se preocupar se seu domínio do português correto na conversação não for total. Entretanto, esforçar-se para ser correto coloca você firmemente no comando do que você diz, que é onde você precisa estar para ganhar uma discussão. Em outras palavras, se você for descuidado com tais detalhes linguísticos, poderá deixar escapar erros mais significativos em sua rede. Assuma o controle dos detalhes.

TRANSFORMADOR

Clichês de amigos

Na fala, o clichê pode ser a forma mais econômica de colocar um ponto acima. "Não é ciência de foguetes" transmite um significado claro com um toque de sarcasmo. O sentido de "igualdade de condições de concorrência" é inconfundível. Vale a pena adquirir um dicionário de clichês para refrescar sua memória e adquirir alguns novos. "Correr com a lebre e caçar com os cães de caça" (tendo duas lealdades conflitantes) ganha em impacto por sua relativa falta de familiaridade. Você não vai querer que seu discurso seja cheio de clichês, mas uma boa pimenta de exemplos pode funcionar bem para você.

Duração variável das frases

Sair com três ou quatro sentenças longas consecutivas pode ser confuso para o ouvinte: você corre o risco de sobrecarregar as informações. Tente misturar sentenças longas e curtas para evitar alongamentos excessivos.

COMO DEIXAR UMA PISTA

Podem existir várias razões pelas quais você pode querer fazer uma observação indiretamente. Uma delas é que você pode vir como egoísta - uma dica pode levar a outra pessoa a se lembrar de suas necessidades. Alternativamente, você pode, sem parecer crítico, querer lembrá-la de algo que ela parece ter esquecido. As dicas tendem a não ser efetivas quando uma discussão completa está sendo conduzida. Mas, espere por um momento mais calmo: esta abordagem sutil pode, então, valer a pena.

Não seja muito sutil

A sutileza funciona melhor com as pessoas em seu ambiente próprio, durante uma conversa amigável. Para tornar uma dica inteligível para um estranho, será preciso se aproximar mais do óbvio para dizer o que você deseja.

TRANSFORMADOR

Vá devagar

Uma forma comum de insinuação é referir-se a algo que tem fortes associações para alguém. Por exemplo, se você mencionar a garagem de seu carro, depois que alguém a tiver emprestado como depósito, sua referência pode lembrá-la que prometeu retirar seus pertences em breve.

Foco nos impactos

Falando sobre um impacto negativo de algo que outro fez: sem atribuir explicitamente a culpa ao outro, faça com que pergunte por que você está com problemas. 'Porque o aquecedor está quebrado', você pode responder. Se esse conserto for responsabilidade do outro, a carapuça vai servir.

COMO TRANSMITIR SENTIMENTOS

Os sentimentos desempenham um grande papel no bem-estar: isto é quase axiomático. No entanto, em certos contextos, além do parceiro, família e amigos, muitas vezes, parece inadequado ou pouco ortodoxo mencioná-los. Julgue cuidadosamente se o compartilhamento é apropriado - particularmente no local de trabalho. Muitas mulheres se sentem desconfortáveis ao falar a um chefe masculino sobre o impacto emocional das situações de trabalho; falar a um chefe feminino pode ou não ser mais fácil. Os homens também têm sentimentos profundos, é claro, mas são menos propensos a confessá-los a qualquer pessoa.

Foque nos sinais exteriores

Em situações em que você não está disposto a deixar alguém entrar em sua vida interior, ao mesmo tempo em que quer chacoalhar as consequências do que fez, fale seletivamente sobre como você agiu (ou não agiu) em vez de como se sentiu. Se trabalhar demais, você poderia dizer ao seu chefe que precisaria perder o prêmio da escola de seu filho e parar de ir à academia. Você não precisa dizer inicialmente que se sente profundamente perturbado, embora possa optar por revelar isto mais tarde se ele ou ela for solidário.

TRANSFORMADOR

Escolha palavras testadas

O ideal é suportar nossas turbulências emocionais sem tentar colocá-las em palavras. Se tiver que conversar com uma pessoa difícil sobre seus sentimentos, certifique-se de não os expressar sem treinar: você pode se enrolar ou exagerar por falta de intimidade. Conte primeiro a um amigo de confiança, usando essa conversa como teste.

COMO OBTER RESULTADOS POR E-MAIL

O e-mail, hoje em dia, substitui a conversa em muitos casos. O contato pessoal é uma maneira melhor de se comunicar no sentido mais completo do termo, com respostas instantâneas e linguagem corporal de apoio e entoação de voz. Entretanto, a vantagem do e-mail, em muitos casos, é que você pode elaborar suas palavras mais facilmente; e você pode pensar cuidadosamente, até mesmo consultar outras pessoas, antes de responder. Além disso, você pode acrescentar anexos, e este tipo de apoio pode sublinhar seus pontos de forma eficaz - mas evite enviá-los desnecessariamente, pois eles impõem um fardo e podem ser ignorados.

Dê um tom adequado

Na maioria das vezes, você está usando o e-mail como um substituto para a conversa, e nesse caso, um tom relativamente informal será apropriado. "Relativamente" é a chave. Pode haver um mundo de diferença entre a linguagem informal e coloquial. Mesmo que você use ou não abreviações ("você" em vez de "vc") afeta o tom. Não use letras maiúsculas para indicar a força do sentimento: isso viria como estridente, até mesmo histérico.

Cumprimente e assine

Evite o hábito que as pessoas costumam empregar no envio de mensagens de texto de não se dirigirem à pessoa de forma antecipada, e assinando apenas com seu nome ou uma inicial. Um e-mail é como uma carta – então, comece com "Caro...", "Olá...", "Bom dia..." ou o que quer que seja. Se é mais próximo em relação ao destinatário, assine com bons votos; caso contrário, use "Sinceramente", "Atenciosamente" ou outra expressão neutra.

Seja consistente

A vantagem da neutralidade na assinatura (como "Atenciosamente") é que você não precisará mudá-la se a relação se tornar azeda. Se você escrever "Melhores cumprimentos" inicialmente, mas omiti-la em um e-mail posterior, você estará declarando um arrefecimento de atitude. Evite "bjs" para indicar beijos se houver alguma chance de desenvolvimento de uma fenda: os "bjs" são melhor reservados para relacionamentos íntimos em qualquer caso (mesmo assim, algumas pessoas notarão quantos beijos você deu em comparação com os anteriores).

Use os cabeçalhos com cuidado

O título, ou linha de assunto, lhe dá a oportunidade de destacar um de dois pontos-chaves. Por exemplo, "Pedido urgente: fatura vencida" não poderia ser mais claro (um "pedido" é mais polido do que uma demanda, mas o adjetivo deixa claro seus sentimentos).

Releia

É fácil escrever o oposto do que você quer dizer, omitindo um "não". O erro é engenhoso (pense nele como um estranho a bordo de sua nave espacial) e sempre encontrará novas maneiras de se manifestar - a menos que você esteja vigilante. Não apresse sua verificação.

Cc com cuidado

Você pode se sentir tentado a copiar outros para um e-mail expressando insatisfação. Isto, frequentemente, é contraproducente em circunstâncias informais, pois corre o risco de humilhar o destinatário. Usar cco não é uma solução eficaz: se o destinatário descobrir que um terceiro tem informações privadas, sua confiança pode ser prejudicada.

Identifique-se

Ao enviar um e-mail a um estranho, ou alguém que possa não reconhecer seu endereço de e-mail imediatamente, diga quem você é na primeira frase. Você também poderia colocar "de [mais seu nome]" na linha de assunto.

TRANSFORMADOR

Deixe esfriar

Se você se irritou com um e-mail ou outra comunicação que acabou de receber, espere até o dia seguinte antes de responder. Ou esboce uma resposta e envie-a a você mesmo para verificação no dia seguinte. Muitas vezes, você vai querer atenuar a mensagem após esfriar um pouco.

Deixe o destinatário vazio até o final

Não coloque o endereço de e-mail do destinatário na janela de destino até que você tenha terminado o e-mail e verificado completamente tudo: é fácil pressionar "Enviar" por engano.

COMO E QUANDO ESCREVER UMA CARTA

Escrever uma carta pode parecer um exercício em viagens no tempo: voltar à idade das trevas da comunicação, antes do e-mail. Seu valor, entretanto, não se limita a cartas de condolências ou de agradecimento à sua tia-avó. Muitas vezes, uma carta o ajudará a sinalizar uma intenção séria. Você se deu ao trabalho de fazer mais do que traçar uma mensagem rápida, e acrescentou uma assinatura como prova adicional de importância; e você espera ser levado a sério em troca. É claro que os profissionais não recebem cartas o tempo todo, mas recebem muitos e-mails, que são mais facilmente esquecidos no volume absoluto de correspondência eletrônica. E, para alguns indivíduos, uma carta será um evento raro - algo a se prestar atenção.

Digite e imprima

Uma carta manuscrita pode não ser lida corretamente: algumas são adiadas por conta da caligrafia, mesmo que ela seja, de fato, muito legível.

TRANSFORMADOR

Aumente a formalidade

Em uma disputa de qualquer tipo, uma carta pode ser usada para criar uma distância apropriada, que você pode reforçar através de uma linguagem relativamente formal (mas, simples). Isto pode evitar que a discordância se torne muito pessoal: é quase como se você estivesse se comunicando em uma corte ou tribunal.

Respeite os idosos

Seja atencioso ao lidar com alguém idoso, mesmo que seu relacionamento seja problemático. Embora o e-mail seja cada vez mais comum entre os idosos, muitos preferem meios de comunicação mais tradicionais. Uma carta pode ser o melhor para um resultado ideal.

Mostre gratidão pelos resultados

Escrever um agradecimento a alguém que tenha feito uma concessão, ou mesmo meramente se comprometido com você, mostrará que seus esforços foram valorizados - e isso, provavelmente, incentivará uma flexibilidade semelhante no futuro.

COMO E QUANDO TELEFONAR

Se você estiver tentando chegar a uma organização, as bajulações de abertura podem aumentar os níveis de estresse. Ao telefonar para um indivíduo, você pode acabar deixando uma mensagem de correio de voz, sem ter certeza de que ela foi recebida - mas ligar novamente pode soar como persistente, até mesmo desesperado. Com muita frequência, após o término de uma conversa telefônica, você percebe que coisas importantes foram deixadas por dizer ou sem resposta. Um diálogo telefônico eficaz para resolver uma situação delicada requer uma reflexão.

Converse mediante uma crise

Se um diálogo por e-mail ficar azedo, ou se uma reunião cara a cara correr mal, às vezes, faz sentido chamar a pessoa em uma tentativa explícita de (re)estabelecer boas relações. Diga que este é o seu único objetivo ao ligar. Peça desculpas por qualquer superaquecimento de sua parte e não seja crítico em relação a eles. Explique qualquer coisa que você sinta que não tenha deixado claro. Chegue a um acordo sobre o meio a ser utilizado para chegar a uma resolução - reunião, telefone ou e-mail.

Apresente-se

Mesmo que não haja necessidade de uma conversa telefônica, ligar apenas para se apresentar pode ajudar a facilitar uma troca de e-mails planejada – mas, certifique-se de ligar em uma hora adequada, ou seu gesto amigável pode ser um tiro pela culatra.

Seja consciente do tempo

Ao ligar para alguém em casa, evite o início da manhã, a hora da refeição e o final da noite. De manhã, 9 da manhã é o mais cedo, ou mesmo mais tarde, se a rotina da manhã incluir uma corrida escolar. À noite, às 21h seria considerado, em muitas culturas, como falta de educação, sendo preferível 18-18h30 (embora isso dependa do horário do jantar). Os fins de semana oferecem a janela mais confiável quando se liga para alguém que vai ao trabalho durante a semana. No entanto, chamar alguém em casa por uma questão de trabalho é inaceitável, a menos que você tenha sido esclarecido para fazê-lo.

Respeite o trabalho

Algumas pessoas têm vidas incrivelmente ocupadas, com apenas um momento livre. Se você precisar falar por telefone, talvez seja melhor perguntar por e-mail qual seria a melhor hora. Se você telefonar do nada, para casa ou para o trabalho, esteja preparado para não ser atendido.

Plano para Skype

Trate uma conversa pelo Skype como uma reunião: vestir-se e barbear/aplicar maquiagem (e afins) para parecer apresentável. Escolha um fundo simples e limpo.

Tenha caneta e papel

Anote a data, hora e conteúdo das principais conversas telefônicas. Arquive a folha com qualquer correspondência ou cartas impressas por e-mail.

Evite ligar no trânsito

Chamar alguém no trânsito é muito arriscado. A recepção móvel pode ser interrompida a qualquer momento.

Fique carregado

Certifique-se de ter bastante carga em seu celular (e muito crédito no pré-pago) antes de fazer ou receber uma chamada importante.

Cuidado com as armadilhas de humor

Sorrir enquanto você fala, mesmo que não possa ser visto, pode fazer sua voz e sua maneira de falar parecerem mais naturais. Tenha cuidado ao usar o humor, porém: uma piada seca ou um comentário irônico pode vir com a intenção séria. Por outro lado, se a outra pessoa disser algo inapropriado, pergunte-se se isso pode ser uma piada.

Sequência

Como uma conversa telefônica (geralmente) não deixa registro, talvez, seja sábio resumir o que foi dito em um e-mail ou carta.

TRANSFORMADOR

Fique calmo

Se você só conseguiu falar com alguém depois de muita espera e reencaminhamento, evite mostrar frustração se ela disser que lhe ligará de volta ou lhe pedir para voltar a ligar: a acumulação não foi culpa dela. Faça exercícios de respiração enquanto espera para ser conectado depois.

Evite romper a ligação

Não interrompa uma conversa para atender uma chamada em outra linha - isso é grosseiro. Se você estiver aguardando uma chamada urgente, não faça outra chamada; e se alguém ligar para você, diga que você ligará de volta após a chamada urgente ter sido recebida. A campainha é outra questão: idealmente haverá alguém para atendê-la; se não, tome uma decisão rápida sobre o que fazer, levando em conta todos os fatores, inclusive a sensibilidade da chamada telefônica.

COMO DIZER NÃO

Quando alguém lhe pedir para atravessar um limite claramente definido ou agir contra seus valores ou interesses, ou se comprometer com um empreendimento impossível, você eventualmente precisará transmitir uma mensagem clara: não. Isto não é necessariamente fácil, já que o "não", muitas vezes, ofende. Frequentemente você acabará se sentindo culpado. Antes da recusa, você pode se preocupar com o efeito sobre esse relacionamento em particular - ou mesmo sobre alguns de seus outros relacionamentos, se for falado sobre sua recusa. Entretanto, você deve a si mesmo agir autenticamente. Todos têm o direito de dizer não ao inaceitável, e este é um procedimento normal no funcionamento da sociedade. Faça-o com a consciência tranquila.

Considere - ou pareça

Responder em um instante fará sua recusa parecer emotiva. Pondere por um tempo, para mostrar que você está pesando na situação. Entretanto, se o pedido for ultrajante, não há mal em dizer não imediata e firmemente, e fechar uma porta de ferro sobre a pergunta.

Decline agradavelmente

Dizer não da mesma maneira como se você estivesse dizendo sim, sem preocupação, nem constrangimento, pode ser a melhor maneira de evitar a criação de tensões. Se você sentir a decepção da outra pessoa, aceite isso como um fato da situação. Não deixe que seus sentimentos ou os dela impeçam que novas trocas sejam positivas. Lembre-se: não é seu papel administrar a reação dos outros.

Dê razões

Sempre dê algum tipo de razão, mas se o relacionamento não for próximo, muitas vezes, não haverá necessidade de entrar em detalhes. Você pode simplesmente dizer, em algumas circunstâncias, que você tem razões pessoais, ou que simplesmente não se sentiria confortável fazendo o que eles pedem. Você pode se surpreender com a frequência com que o "não" é aceito sem mais delongas.

TRANSFORMADOR
Faça uma contra sugestão

Isto pode funcionar em uma ampla gama de situações. A contra sugestão pode ser semelhante ao pedido original, mas em termos diferentes; ou então pode ser um compromisso de procurar alguém que possa dizer sim, ou de considerar o assunto novamente depois de mais tempo.

Recorra à aspereza

Isto pode ser necessário quando o "não" não é aceito na primeira vez que você o diz, ou quando suas razões são contestadas. Num tom firme, diga algo como "Olhe, 'não' é minha resposta final", ou "Nada vai mudar minha opinião". Um clichê efetivo é: "Que parte do 'não' você não entende?" Isto vai irritar, mas você tem o direito de dizê-lo e a relação não precisa ser permanentemente prejudicada.

Cuidado com o talvez

Quando sua intuição lhe disser que "não" é a resposta certa, não diga "talvez" apenas para adiar o momento fatídico. A maioria das pessoas o tratará com mais respeito se você for claro.

COMO GANHAR A CONFIANÇA

A desconfiança torna as resoluções mais difíceis de serem alcançadas. Se você desconfiar de alguém, com base nas provas ou em seu julgamento intuitivo, você será cauteloso, com razão. Se eles desconfiam de você, imerecidamente, pode haver uma série de razões possíveis. Talvez eles desconfiem por natureza, ou por causa de experiências anteriores. Possivelmente alguém os tenha enganado de alguma forma. Entretanto, também é possível que você tenha feito algo errado. Em relacionamentos ou transações difíceis, faça tudo o que puder para demonstrar que você é confiável e bem-intencionado. Para construir confiança é necessário um compromisso com um comportamento digno de confiança.

Faça o que você diz que vai fazer

Não se trata apenas de cumprir promessas. Se você não fizer o que diz fazer, por mais insignificante que seja, a confiança em você pode começar a corroer. Exemplos simples seriam ligar para a pessoa, ligar para outra pessoa em seu nome, preencher alguns papéis, escrever um e-mail para um terceiro, enviar um pacote pelo correio. Da mesma forma, evite, se possível, cancelar os acordos. É claro que você tem controle total sobre o que diz que vai fazer. Exercite esta reflexão: não se deixe levar pelo desejo de agradar ou aplacar.

Explique uma decepção

Há ocasiões em que simplesmente é impossível honrar um compromisso - até mesmo uma promessa. Explique o porquê, idealmente cara a cara - e não em uma mensagem de texto. Se você fizer uma nova promessa neste ponto, isso deve ser sacrossanto! Não se sinta tentado a minimizar o compromisso original como algo que você disse que tentaria fazer.

Seja sincero

Quanto mais inverdades você diz, mais vulnerável você é à exposição. Se você tiver causado danos de qualquer tipo, através do que você disse ou fez, seja honesto com a pessoa afetada. De qualquer forma, repare o dano primeiro, mas seja dono dele em qualquer caso. Se você se vir obrigado a mentir, confesse quando puder, e explique seus motivos. Quando alguém diz uma mentira tentando negá-la, ela só aumenta - mais uma vez, seja dono dela.

TRANSFORMADOR

Abra-se

Com pessoas difíceis, você pode não ter vontade de dar-lhes acesso a seus pensamentos e sentimentos mais íntimos. Mas, também, não erga uma parede sólida: se você se restringir aos fatos de uma situação, a confiança não vai se materializar. Escolha o que você se sente seguro em compartilhar.

Capítulo 5
Situações Cotidianas

O capítulo seguinte se concentra nas relações susceptíveis de serem afetadas por tipos particulares de dificuldade. Um chefe pode ser prepotente ou inútil; um vizinho pode perturbar sua paz; um membro da família pode estar indo para o desastre, um amigo ou parceiro mostrando sinais de deslealdade, um profissional usando jargões que você não consegue entender. Para enfrentar tais situações, faça um scan nas páginas de conteúdo deste livro para identificar algumas das estratégias mais gerais que podem estar disponíveis para você. Mas, este é o lugar para encontrar problemas cotidianos, que ocorrem comumente, e possíveis maneiras de lidar com eles.

CHEFE DIFÍCIL

Um chefe pode ser problemático de várias maneiras. Ele ou ela pode ser incompetente (por preguiça ou falta de habilidade), relutante ou disposto a delegar, manipulador, pouco apreciativo, não-comunicativo, emocionalmente necessitado ou - simplesmente - um intimidador. Qualquer uma destas qualidades pode ter impacto não apenas em sua capacidade de fazer um trabalho gratificante e agradável: elas também podem impedir sua carreira, causar-lhe grande estresse e comprometer suas perspectivas futuras. Muitas vezes, quando as pessoas se demitem e seguem em frente, é porque seu chefe está lhes causando pesar. Você pode sentir que não tem poder para mudar nada. Na verdade, porém, existem estratégias que podem ajudá-lo a melhorar sua situação.

Seja diplomático

Muitos trabalhadores toleram diplomaticamente os caprichos de seu patrão e encontram soluções práticas de trabalho. Não descarte esta abordagem puramente por uma questão de princípio. Considere se você pode fazer com que ela funcione. Caso contrário, prossiga para a próxima dica.

Dê tempo

Você precisa dar ao seu chefe tempo para refletir e colocar em prática novos comportamentos. Entre duas semanas e um mês será, muitas vezes, apropriado. Se não houver mudança, peça outra reunião e repasse o mesmo assunto.

TRANSFORMADOR

Peça para falar

Conversar com outros funcionários sobre sua dificuldade pode parecer útil, mas uma abordagem mais produtiva é pedir uma reunião privada com seu chefe para discutir aspectos de sua relação de trabalho - ou, se você acha que a palavra relação pode não ser bem-vinda, a "maneira como vocês operam uns com os outros". É melhor evitar um e-mail descrevendo seus problemas: ele pode sugerir que você está iniciando um processo formal. Não há substituto para um bate-papo de ar limpo. Embora desafiador, isto terá uma chance de fazer a diferença. Ambos precisam alcançar uma forma aprimorada de trabalhar juntos. Enfatize seu desejo de dar a melhor contribuição possível. Apele por apoio neste sentido. Evite atacar o caráter do chefe - apenas fale de forma não emocional sobre as dificuldades práticas que você enfrenta. Sugira passos concretos que lhe permitirão trabalhar com mais eficácia.

Cuide de si mesmo

Quanto mais estressado você estiver sobre seu chefe, mais importante é manter um nível razoável de bem-estar. Coma saudavelmente, mantenha-se em forma, evite intoxicantes. Procure pontos positivos em sua situação: empurre os negativos para segundo plano. Mantenha um equilíbrio saudável entre vida e trabalho. Seu parceiro, sem dúvida, lhe dará apoio, mas faça pausas regulares de suas preocupações de trabalho, ou seu relacionamento poderá sofrer.

COLABORADOR DIFÍCIL

No local de trabalho, você está confinado a um grupo de pessoas que são mais conhecidos obrigatórios do que amigos - embora as amizades possam se desenvolver. Alguns, em seus momentos mais sombrios, podem ver a prisão como uma analogia apropriada - ou talvez a escola infantil, já que o trabalho, às vezes, parece trazer à tona comportamentos infantis, tais como bullying e agitação de problemas para seu próprio bem. Siga as indicações abaixo para trazer o melhor de si mesmo e dos outros enquanto estiver trabalhando. Tente sempre ser positivo e otimista para resolver quaisquer conflitos - trate isso como se fosse parte de sua descrição de trabalho.

Acalme uma cabeça quente

Todos podemos ser irritáveis ou grosseiros quando o dia não está indo bem. Se alguém mostrar mau comportamento, tente pegá-lo de surpresa perguntando se ele está bem. Absorvidas em suas preocupações, as pessoas podem não estar cientes de como aparecem para você e, possivelmente, para outros.

TRANSFORMADOR

Fale sobre isso

Se alguém estiver sendo vingativo em relação a você, ou de qualquer outra forma impactando em seu status ou bem-estar, aja prontamente. Peça uma conversa e seja sincero sobre como isso o afeta. Faça perguntas, mas não acuse. Tente alcançar uma resolução mutuamente satisfatória - pelo menos uma trégua. Qualquer que seja sua resposta, eles verão que você não aceitará passivamente nenhum dano a seus próprios interesses legítimos.

Mostre a agressão

Se alguém for beligerante, deixe claro que você considera seu comportamento inaceitável. Afaste-se ou desligue o telefone se a situação começar a se agravar. Ameaças, palavrões, chamadas de nomes inadequados e bullying precisam ser carimbados. Se isso acontecer novamente, reaja como antes, mas diga que da próxima vez você vai levar as coisas mais longe - e o faça.

Fique calmo

Se um conflito se desenvolver, não deixe que as lealdades pessoais o atraiam. Há três opções melhores: afastar-se, continuar a trabalhar ou mediar com a voz da razão. Se você sair de cena, mantenha o que você testemunhou para si mesmo.

Simplesmente sobressaia

A política de trabalho inclui o jogo, as fofocas, a conivência e o engano. Erguer-se acima de tudo isso é o melhor. Recusar-se educadamente a ser arrastado para qualquer tipo de trama. Concentre-se em encerrar os sussurros e fazer o melhor trabalho que puder.

Seja esperto em equipe

Alguns membros da equipe serão totalmente diferentes de você. Pode haver um pessimista que é bom em identificar falhas, uma pessoa criativa sempre tentando fazer mudanças, um "fazedor" impaciente de muita conversa. Não veja um choque de estilos como necessariamente um problema. Valorize pontos fortes diferentes dos seus e use-os de forma cooperativa.

DIFICULDADE DO SUBORDINADO

Como chefe, você precisa mostrar liderança, o que inclui motivação e empatia, combinados com boa capacidade de comunicação. No entanto, haverá momentos em que seu conjunto de habilidades se deparará com um funcionário desafiador. Pode ser alguém que finge doença para esticar seu subsídio de férias, ou usa palavrões em um escritório em plano aberto, ou não segue suas instruções. Seu trabalho exige que você lide com tais situações de maneira firme, justa e eficaz, com o mínimo de interrupção do trabalho em questão.

Avalie

O primeiro passo é reunir os fatos e observar o trabalhador em diferentes situações. Observe qualquer comportamento que envenene a atmosfera ou comprometa os processos ou sistemas de trabalho. É preciso julgar se o problema é crônico ou agudo (ou seja, talvez causado por algum problema temporário em sua vida pessoal). Se crônico, precisará ser levado mais a sério; pequenos problemas agudos podem, às vezes, ser deixados para serem resolvidos por eles mesmos.

Decida sobre a ação

As opções incluem reorganização, orientação pessoal e disciplina (seja formal ou informal). Se o problema são dois trabalhadores com temperamentos conflitantes, talvez, seja melhor mantê-los separados por meio de uma pequena remodelação. A orientação pessoal pode começar com uma conversa suave para ver o que está indo bem e o que está indo mal. O processo pode, eventualmente, chegar ao ponto em que você declara um ultimato; se nenhuma melhoria se seguir, você, sem dúvida, progredirá de lá para a disciplina formal, que deve ser realizada estritamente de acordo com os procedimentos da empresa. Não tome a opção nuclear de demissão durante um momento de raiva.

Seja compassivo

Isto pode parecer incongruente em uma situação de disciplina em potencial, mas se concentra em fixar o comportamento em vez de castigar a pessoa. Suas falhas podem não ser mal-intencionadas. Preste atenção aos sinais de doença mental: sonde muito gentilmente se você suspeitar disso, e aguarde informações voluntárias. Nunca diga ou insinue que você acha que alguém pode ter um problema psicológico. Seja sensível a qualquer estresse que venha à tona, tal como um casamento desfeito ou vício.

Encontre uma solução conjunta

Ao mesmo tempo em que demonstra simpatia para com qualquer circunstância atenuante, você deve deixar claro que uma mudança de atitude ou comportamento é essencial. Explique pacientemente por que a situação atual não pode continuar. Trabalhem juntos para uma solução; e concordem que isto será posto em prática. Se a solução exigir um ajuste difícil para o trabalhador, ofereça seu apoio: diga que você está sempre disponível para um bate-papo.

VIZINHO DIFÍCIL

Os vizinhos podem afetar sua qualidade de vida. Os ruidosos são um problema notório; os intrometidos, meramente irritantes. O problema com a irritação é que ela pode se tornar mais estressante se você permitir. Outros problemas comuns podem incluir mudanças indesejáveis perto do muro ou da cerca, delitos de estacionamento (como bloquear seu carro) e crianças ou animais de estimação que invadem seu espaço. Tente manter-se em termos amigáveis, mesmo que haja alguma disputa não resolvida entre vocês. Lembre-se, os vizinhos são um de seus recursos: eles podem ser salva-vidas em uma emergência.

TRANSFORMADOR
Circule

Conhecer seus vizinhos desde o início pode antecipar as dificuldades mais tarde. Uma disputa entre amigos é mais facilmente resolvida. Apresente-se quando você se mudar para uma nova área; receba os recém-chegados com um cartão e um presente (talvez cozinhando em casa). Ajude-os a mudarem-se e tenha uma sessão de briefing com eles sobre as amenidades locais.

Faça um pedido gentil

Este é o primeiro passo na tentativa de erradicar os comportamentos difíceis. Pode ajudar se você for hospitaleiro ao mesmo tempo - discutir as coisas em cima de um bule de chá ou café, por exemplo. Escrever uma carta só formalizará a fenda e, talvez, a tornará mais arraigada, portanto, continue tentando a abordagem pessoal. Faça exercícios respiratórios antes de uma reunião se você se sentir ansioso.

Considere a mediação

Alguns mediadores profissionais ajudam a resolver as disputas dos vizinhos. Em certas situações, seu proprietário (se você alugar) ou o conselho local pode ser capaz de ajudar. Tudo isso vale a pena considerar antes de recorrer ao próximo passo: uma carta de um advogado, o que, provavelmente, aumentaria a tensão.

Denuncie

Se você acredita que as ações de seu vizinho são criminosas (por exemplo, criar problemas com base em preconceitos raciais), informe a polícia e tome nota de quaisquer incidentes. Não vale a pena raciocinar com essas pessoas. Você poderia tentar ser amigável por cortesia, mas pode achar isso impossível.

Tire fotos

Qualquer indício de perturbação deve ser fotografado. Evite tirar fotos dos próprios vizinhos, pois isso só agravaria o problema se você fosse observado.

Seja atencioso

Se você for objeto de uma reclamação, convide-os a abordar suas preocupações em conjunto. Você poderia modificar alguma coisa para melhorá-la? - por exemplo, praticar sua guitarra com fones de ouvido; ou restringir o futebol infantil a determinadas horas.

Ajuda com a manutenção

Se o jardim do lado está ficando fora de controle, talvez não seja culpa deles? Talvez eles tenham muitos problemas, ou não tenham as ferramentas? Ofereça-se para ajudar se puder.

MEMBRO DA FAMÍLIA DIFÍCIL

As famílias podem ser locais de reprodução para conflitos - reprimidos ou na superfície. O incômodo habitual está, muitas vezes, no quadro, seja dentro de uma família ou em uma dispersão de parentes. Uma vez que as expectativas se fossilizam, elas podem ser autorrealizáveis - ninguém toma a iniciativa de fazer mudanças. Entretanto, há momentos em que a ação se torna urgente. Pense em um membro da família preso em uma espiral de abuso de substâncias e negligência de responsabilidades; ou um jovem com uma imagem corporal pobre contemplando uma cirurgia cosmética. A compaixão é essencial quando se lida com a automutilação que também ameaça o bem-estar familiar. A geração intermediária pode agir em duas frentes - manter tanto jovens quanto velhos seguros e felizes.

Estereótipos esmagadores

Veja seus familiares pelo que eles são - com toda a sua bagagem e oportunidades. Permita que cada um encontre seu próprio destino, mesmo que não seja o que você escolheria para eles. Abrace a liberalização da moral - particularmente em questões como identidade de gênero e preferência sexual.

Falem de vocês mesmos

Uma maneira de preencher uma lacuna de geração é compartilhar suas próprias experiências, passadas e presentes, com honestidade. Descrevam aos jovens como suportaram problemas semelhantes, aos velhos como estão lidando com os desafios da vida, alguns dos quais são novos (tecnologias), outros atemporais (relacionamentos). Dê a eles espaço para falar livremente também.

TRANSFORMADOR

Solte a resistência

Aceitar o membro da família, com todas as suas complicações, pode reduzir seus níveis de estresse, uma vez que parte do estresse deriva da resistência. Abandone qualquer ideia de como eles devem ser: eles são quem são.

Reative a atenção

Em vez de escutar para encontrar pontos com os quais você pode discordar, escute um membro da família difícil para que você o entenda um pouco mais. Isto é mais respeitoso e menos provável de perpetuar as discordâncias indefinidamente. Não sinta que você sempre tem que desafiar: permita que eles estejam certos em seus termos.

Canalize seu foco

Quando um membro da família está irritando você, em vez de se levantar para morder a isca, veja se você pode envolvê-lo em algo construtivo - como ajudar a lavar a louça. Um estudo mostrou que a palavra "porque" tende a promover o cumprimento de um pedido - por exemplo, diga "Por favor, você ajudaria com a louça, porque então terminaremos antes que a partida comece na TV".

Dê amor incondicional

Por mais difícil que alguém esteja sendo, o amor familiar é um imperativo universal - a menos que o absolutamente imperdoável ocorra. Evite usar o amor como uma alavanca de controle: deixe claro que seu amor é incondicional, e que desse amor nasce o apoio - embora suas próprias necessidades também sejam cruciais.

ADOLESCENTE DIFÍCIL

Adolescentes são feixes de contradições. Eles afirmam sua individualidade, mas são vulneráveis à pressão dos colegas. Muitas vezes, eles combinam arrogância com insegurança. Podem ser seus próprios filhos, ou fazer parte de um grupo de jovens ou equipe de trabalho; ou ainda você pode ser um professor tentando ajudá-los a amadurecer, bem como aprender. Mostrar que você pensa neles como adultos (talvez vulneráveis) em vez de crianças, ajuda a aumentar sua autoestima. Escolha cuidadosamente os erros dos quais você resolve orientá-los - deixe-os aprender muito com a experiência, com seu apoio orientador.

Evite ser provocado

Alguns adolescentes adoram a provocação, mas uma vez que você sucumbe ao aborrecimento e contra-ataca, você está concedendo poder ao mostrar que eles o machucaram. Faça um exercício de respiração para ajudar a manter a calma.

TRANSFORMADOR

Respeite mutuamente

Deixe claro que o respeito é uma de suas regras básicas, e você retribuirá se eles se mantiverem no lado certo da linha - ou seja, você os tratará como pessoas inteligentes e independentes, não como crianças malcomportadas. Esta distinção entre crianças e adultos é algo que você pode fazer a seu favor.

Comunique-se claramente

Suas habilidades superiores de comunicação são uma vantagem óbvia: utilize-as para implicar sua maior experiência. Aponte o nível ligeiramente acima deles, como se os tratasse como iguais - em um sentido profundo, é o que eles são.

Lide com o líder

Qualquer grupo de adolescentes, geralmente, tem um líder, mesmo que a hierarquia seja meramente implícita. Ao abordar o comportamento de grupo, fale com ele ou ela: eles podem ficar satisfeitos por você reconhecer seu status especial dentro do grupo. Se eles seguirem sua direção, os outros provavelmente espelharão isso.

Mantenha a perspectiva

Infrações leves não são necessariamente algo com que se preocupar. Mantenha seu senso de humor. Tente usar a ironia para fazer um ponto de vista gentil – eles, provavelmente, não serão experientes o suficiente para corresponder a este nível de sagacidade.

Seja um ponto de apoio

É bom saber por quais lutas um adolescente pode estar passando, mas não seja muito persistente em pressionar soluções sobre elas. Basta dizer-lhes que você está lá para ajudar se eles precisarem de você. Faça com que eles pensem em você como um receptor de confiança.

Acabe com a vergonha social

Se você cuidar deles, seu bem-estar significará muito mais do que qualquer "vergonha" percebida trazida à família por seu comportamento. Nunca diga que eles estão envergonhando você - a vergonha reflete o que os de fora pensam, não o que você pensa.

Incentive o pensamento analógico

Os millennials habitam um mundo digital que pode bombardeá-los com vários danos. Mostre pelo exemplo e pela discussão sensível as vantagens de manter uma distância saudável dos piores aspectos das mídias sociais.

PARCEIRO ROMÂNTICO DIFÍCIL

As relações precisam ser cultivadas e comprometidas. Se algo estiver errado, será que ajustar seu próprio comportamento ou atitude poderia ser transformador? Falar honestamente é vital - ou o problema pode aumentar. Uma boa comunicação é a maneira de evitar mal-entendidos e de chegar a um acordo sobre mudanças. Se a dificuldade é a perda do brilho com o tempo, há maneiras de lidar com isso. Explore outros caminhos antes de romper a relação - incluindo a separação experimental, até mesmo uma mudança nos arranjos de vida. Se você se separar, seja compassivo: você deve isso ao seu futuro ex para minimizar a dor.

Resgate o amor

Há três pontos para um vínculo amoroso: nutrir, capinar e semear. A nutrição tem a ver com boa comunicação, paciência e compaixão; capinar é enfrentar os problemas honestamente, respeitando as necessidades pessoais de ambos; a semeadura é fazer coisas novas para fazer crescer a conexão. Se o relacionamento é baseado no amor, um de vocês (talvez ambos) negligenciou a nutrição? Se sim, você deve fazer um pouco de capinação. Traga os problemas à tona. Considerem um novo semear para manter o jardim saudável.

TRANSFORMADOR

Fale antes de fazer

É preciso falar em linhas vermelhas em vez de estabelecer como uma lei imposta de cima. Discuta suas necessidades pessoais e a maneira como elas estão sendo frustradas. Veja se uma solução surge organicamente a partir dessa conversa.

Ressentimentos

Se seu parceiro foi desleal ou imprudente, e você deu uma resposta honesta (talvez emocional), procure em seu coração o poder de perdoar. Uma vez perdoado, evite levantar o assunto em qualquer argumento - embora você não seja capaz de evitar pensar sobre isso ocasionalmente.

Recue do conflito

Uma vez que você tenha se manifestado, não deixe que seu senso de estar certo o leve a continuar o desacordo. Evite que uma briga se agrave. Afaste-se de suas emoções e pergunte a si mesmo se não seria melhor não ficar preso à história com a qual suas emoções estão obcecadas.

Evite punir

Assim que você castiga seu parceiro - por exemplo, saindo e não dizendo para onde vai - você desocupa o terreno moral elevado. Você pode responder com honestidade e expressividade sem recorrer a este dispositivo barato.
A punição torna a reconciliação mais difícil de ser alcançada.

Atualize

Se o tédio se instalou, liste o que está indo bem em seu relacionamento e transmita isso, com gratidão, ao seu parceiro. Sugira coisas novas que vocês poderiam fazer juntos, e mudanças na maneira como vivem: o tédio é a progênie do hábito. Concentre-se no positivo, não no que o insatisfaz.

AMIGO DIFÍCIL

A amizade é um dos principais componentes da felicidade - ao lado do amor, do bem-estar físico e mental e de ter uma vida significativa. No entanto, como os laços de amor, muitas vezes, dão errado. Isto se deve, em parte, ao fato de não estarem em conformidade com uma gama tão estreita de modelos socialmente aceitos: a lealdade é importante, mas não é declarada formalmente, nem é exclusiva. Sua intensidade aumenta e diminui, às vezes, de forma inexplicável. A vida sem um amigo em particular pode ser tão difícil de contemplar quanto a vida sem o amante. No entanto, as rupturas acontecem. Como no amor, a amizade precisa ser cultivada para que suas recompensas sejam plenamente realizadas.

Reconecte

Quando uma amizade dá errado, você pode se reconectar sem o senso de custo de oportunidade que, provavelmente, teria se revivesse uma relação romântica. Já que você pode ter muitos amigos, você não estaria afastando ninguém. Faça tudo o que estiver ao seu alcance para compensar depois de uma briga. Estenda a mão, mesmo quando sentir que tem razão na discussão.

TRANSFORMADOR

Respeite a necessidade de espaço

Amizades podem se tornar sufocantes, e colocar espaço entre vocês por um tempo pode ser saudável. Não imagine que uma amizade baseada em reuniões semanais perde valor se você se encontrar apenas mensalmente por um tempo: você terá muito para alcançar.

Evite o superlativo

O termo "melhor amigo" pode causar danos. Todos devem estar abertos a ter novas amizades, e novos interesses, e estes podem fazer com que um "melhor amigo" se sinta negligenciado. Pensar em termos de "melhor" pode causar ansiedade quando a mudança ocorre... mas a vida segue em frente. Mantenha-se ocupado e permaneça leal, e deixe as coisas boas acontecerem organicamente.

Fale sobre isso

Os homens, especialmente, têm vergonha de falar sobre sentimentos, mas, às vezes, uma comunicação aberta e honesta é a melhor maneira de curar uma fenda. Um entendimento pode, então, ser forjado, ou forjado novamente, com cada parte sabendo onde está.

Aconselhe e permita

Muitas vezes, um amigo embarca em um curso que parece ruim para ele - um relacionamento inadequado, uma mudança irrefletida de casa ou de emprego, uma escolha moral que você acha que está errada. Parte de você pensa que isso não é da sua conta; parte acredita que seria desleal não dizer o que você pensa. Se você prevê problemas, pode de fato ser seu dever (só a consciência pode dizer) dar um aviso. Evite se incomodar: seu amigo também tem intuição e deve segui-la. O melhor cenário seria que a intuição despertasse seu amigo para ver as coisas como você as vê; mas aceite que isso pode não acontecer.

ESPECIALISTA DIFÍCIL

Em qualquer conversa com um especialista há um desequilíbrio de conhecimento - o que também pode significar um desequilíbrio de poder. Você pode se sentir intimidado, especialmente quando o assunto é altamente técnico e você está fora de sua profundidade. Alguns profissionais são ótimos em comunicar seus conhecimentos em termos simples e laicos; mas outros podem parecer se deleitar em cegar você com a ciência (ou algum outro ramo da sabedoria, como o direito). Além disso, se a relação der errado (por exemplo, se você acabar em disputa com um construtor ou banqueiro), a compreensão superior deles lhes dá a vantagem. A chave para lidar com tais questões é defender-se e não se deixar intimidar pela lacuna de conhecimento.

Faça o dever de casa

A enorme vantagem da internet para a vida cotidiana é a capacidade que os consumidores têm de encontrar respostas facilmente inteligíveis às perguntas técnicas. Ao pesquisar no Google algo como "Quando eu preciso substituir minha caldeira?" você abrirá um oráculo de sabedoria realista e confiável. Faça sua lição de casa antes de conhecer um especialista, para ter, ao menos, uma base de conhecimento.

Repita os pontos difíceis

Se você não tem certeza de ter entendido alguma coisa, repita isso para o especialista em suas próprias palavras e pergunte se você entendeu bem. Isto parece óbvio, mas muitas pessoas não querem interromper o fluxo de um especialista: talvez, seja necessário para ter certeza de que você se mantém no caminho certo.

Pergunte, não desafie

Dizer "Isso não vai funcionar", provavelmente, irritará um especialista. Em vez disso, enquadre sua preocupação como uma pergunta aberta. Se você não forneceu todas as informações necessárias sobre sua situação, faça-o agora.

Solicite uma explicação

Quando um profissional estiver falando de custos, peça uma desagregação completa. Certifique-se de saber se é uma cotação ou uma estimativa – no caso de uma estimativa, pergunte quais fatores podem hipoteticamente empurrar os custos reais para cima.

Seja cético

Alguns profissionais duvidosos aperfeiçoaram a arte de parecer atenciosos, honestos e confiáveis. Julgue com base nos fatos, não de acordo com o entusiasmo deles. Verifique as opiniões dos usuários em um site, se possível. A pessoa certa para o trabalho pode ser um introvertido.

Deixe um médico se sobressair

Não é possível mudar o jeito de ser de um médico pouco empático, portanto, não tente ser seu amigo. Desde que ele permita que você se comunique plenamente, ele pode ser um excelente guardião de sua saúde. Pergunte por aí a opinião de outras pessoas. Se você estiver preocupado, mude de médico.

Bibliografia

Annesley, Mike, and Steve Nobel, *The Way of Calm: 120 Simple Changes to Help You Find Peace in a Stressful World*, Eddison Books, 2018

Borg, James, *Body Language: How to Know What's Really Being Said*, 3rd edn, Pearson, 2013

Boul, Lori, *DIY Sex & Relationship Therapy: An Effective Self-Help Programme for Couples Wanting to Improve their Relationship*, How To Books, 2011

Chick, Gareth, *Corporate Emotional Intelligence: Being Human in a Corporate World*, Critical Publishing, 2018

Cope, Andy, and Amy Bradley, *The Little Book of Emotional Intelligence: How to Flourish in a Crazy World*, John Murray Learning, reprint edn, 2018

Faber, Adele and Elaine Mazlish, *How to Talk So Teens Will Listen and Listen So Teens Will Talk*, William Morrow Paperbacks, reprint edn, 2006

Fisher, Roger and Daniel Shapiro, *Beyond Reason: Using Emotions as You Negotiate*, Penguin, 2006

Fisher, Roger, William L. Ury and Bruce Patton, *Getting to Yes: Negotiating Agreement Without Giving In*, revised edn, 2011

Gates, Steve, *The Negotiation Book: Your Definitive Guide to Successful Negotiating*, Capstone, 2nd edn, 2015

Goleman, Daniel, *Emotional Intelligence: Why It Can Matter More Than IQ*, Bloomsbury, new edn, 1996

Gottman, John M., and Nan Silver, *The Seven Principles for Making Marriage Work*, Orion, 2018

Goulston, Mark, *Just Listen: Discover the Secret to Getting Through to Absolutely Anyone*, AMACOM, reprint edn, 2015

HBR Guide to Managing Stress at Work, HBR Guide series, Harvard Business Review, 2014

Kirschner, Rick, and Rick Brinkman, *Dealing with People You Can't Stand: How to Bring Out the Best in People at Their Worst*, McGraw-Hill Education, 3rd revised edn, 2012

Litvinoff, Sarah, *The Relate Guide to Better Relationships: Practical Ways to Make Your Love Last from the Experts in Marriage Guidance*, Vermilion, 2001

The Relate Guide to Sex in Loving Relationships, Vermilion, 2001

MacKenzie, Jackson, *Whole Again: Healing Your Heart and Rediscovering Your True Self After Toxic Relationships and Emotional Abuse*, TarcherPerigee, 2019

McElwain, Aoife, *Slow at Work: How to Work Less, Achieve More and Regain Your Balance in an Always-on World*, Gill Books, 2017

Malhotra, Deepak, and Max Bazerman, *Negotiation Genius: How to Overcome Obstacles and Achieve Brilliant Results at the Bargaining Table and Beyond*, Bantam, 2007

Morin, Amy, *13 Things Mentally Strong People Don't Do: 13 Things Mentally Strong People Avoid and How You Can Become Your Strongest and Best Self*, Harper Thorsons, 2015

Nichols, Michael P., *The Lost Art of Listening: How Learning to Listen Can Improve Relationships*, Guilford Press, 2nd edn, 2009

O'Brien, Dominic, *How to Develop a Brilliant Memory Week by Week: 50 Proven Ways to Enhance Your Memory Skills*, Watkins, 2014

You Can Have an Amazing Memory: Learn Life-changing Techniques and Tips from the Memory Maestro, Watkins, 2011

Patterson, Kerry, and Joseph Grenny, Ron McMillan and Al Switzler, *Crucial Conversations: Tools for Talking When Stakes Are High*, McGraw-Hill Education, 2011

Pease, Allan and Barbara, *The Definitive Book of Body Language: How to Read Others' Attitudes by Their Gestures*, Orion, 2017

Peters, Steve, *The Chimp Paradox: The Mind Management Programme to Help You Achieve Success, Confidence and Happiness*, Vermilion, 2012

Pransky, George, *The Relationship Handbook: A Simple Guide to Satisfying Relationships*, Pransky & Associates, anniversary edn edition, 2017

Ruiz, Miguel and HeatherAsh [*sic*] Amara, *The Seven Secrets to Healthy, Happy Relationships*, Hierophant, 2018

Skeen, Michelle, *Love Me, Don't Leave Me: Overcoming Fear of Abandonment and Building Lasting, Loving Relationships*, New Harbinger, 2015

Tuhovsky, Ian, *Communication Skills: A Practical Guide to Improving Your Social Intelligence, Presentation, Persuasion and Public Speaking*, volume 9, Positive Psychology Coaching series, CreateSpace, 2015